EU PAREI DE ANDAR E APRENDI A VOAR

Andrea Schwarz

EU PAREI DE ANDAR E APRENDI A VOAR

Como transformei desafios em asas

FinAppLab
[editora]

©Andrea Schwarz, 2024
©Editora FinAppLab, 2024
1ª Edição FinAppLab, novembro de 2024.

Publisher *Daniela Metzger Rochman*
Edição de texto *Histórias Bem Contadas*
Capa, projeto gráfico e diagramação *Vanessa Lima*
Leitura sensível *Júlia Rosemberg*
Revisão *Wélida Muniz*
Foto de capa *Jaques Haber*

Dados Internacionais de Catalogação na Publicação (CIP)
(Câmara Brasileira do Livro, SP, Brasil)

Schwarz, Andrea
  Eu parei de andar e aprendi a voar / Andrea Schwarz. — São Paulo : FINAPPLAB Editora, 2024.

ISBN 978-65-01-15782-5

1. Acessibilidade 2. Empreendedorismo 3. Inclusão 4. Motivação 5. Mulheres — Autobiografia 6. Pessoas com deficiência 7. Resiliência 8. Superação — Histórias de vida I. Título.

24-228139   CDD-920.72

Índice para catálogo sistemático:
1. Mulheres : História de vida : Autobiografia   920.72

Eliete Marques da Silva — Bibliotecária — CRB-8/9380

FinAppLab
[editora]

Proibida a reprodução, no todo ou em parte, através de quaisquer meios.
Todos os direitos desta edição são reservados à FinAppLab Editora.

📷 @finapplab
💼 company/finapplab
www.finapplab.com

NOTA DA PUBLISHER

Quando se conhece e convive com a Andrea e com o Jaques, fica difícil que sejam definidos somente a partir de um adjetivo, mas vale fazer o esforço, pois isso nos faz relembrar os momentos e realizações da dupla. Assim, de forma muito humilde podemos afirmar: são marcantes.

Marcantes porque deixam uma marca do bem, que nos faz mudar nossa visão do mundo, afetando a nossa linha do tempo presente e futuro, abrindo novos e melhores caminhos. São as pessoas marcantes da nossa história pessoal que constantemente vem à memória, ainda mais quando precisamos encarar desafios ou sentimos necessidade de apoio.

Quando decidimos iniciar o projeto da editora, procuramos Andrea e Jaques para estar em nosso primeiro projeto. Ambos acreditaram na proposta, participando ativamente de todo o processo conosco, tornando esta obra uma experiência deliciosa e inesquecível.

Temos a certeza de que este livro também vai marcar a sua vida, sendo o início de novos cursos a trilhar. Aproveite muito!

DANIELA METZGER ROCHMAN

Dedico este livro aos meus filhos,
Guilherme e Leonardo, que me ensinaram o
verdadeiro significado do amor incondicional.
E ao meu eterno namorado e alma gêmea, Jaques.
Nossos destinos se cruzaram desde o início,
e escolhemos viver esta aventura em conjunto.
Você é a pessoa que mais me conhece e me completa.
Amo vocês!

AGRADECIMENTOS

Agradeço principalmente ao meu marido e aos meus filhos pela vida que compartilhamos juntos. Agradeço também aos meus pais, que me deram a base e a estrutura que me guiam até hoje, e à minha irmã, Lica, que sempre segurou a minha mão desde que me entendo por gente.

Agradeço, ainda, à maior adversidade que enfrentei e que me transformou na pessoa que sou hoje, e à minha inseparável companheira de vida, minha cadeira de rodas. Juntas, já vivemos e viveremos muitas aventuras.

Agradeço a todas as pessoas que me motivam a continuar, a ultrapassar barreiras como o preconceito e a falta de pertencimento, e que me encorajam a seguir em frente com o meu propósito de vida.

E, por fim, agradeço à própria vida, por me proporcionar tantos momentos de alegria.

SUMÁRIO

12 Prefácio
18 Apresentação
24 Capítulo 1 *Antes de voar*
50 Capítulo 2 *O mundo lá fora*
82 Capítulo 3 *Além das barreiras*
104 Capítulo 4 *De asas abertas*
128 Capítulo 5 *Preparando-se para voar*
152 Capítulo 6 *Asas para todas as pessoas*
172 Capítulo 7 *Você pode voar*
184 Depoimentos
185 Por Anny Burdman Meisler
188 Por Flávia Porto
190 Por Rafael Sales
195 Por Roberto Sallouti

PREFÁCIO

por Jaques Haber

" Te amo sentada, deitada ou em pé."

Essa foi a minha resposta para Andrea Schwarz, na época minha namorada, quando, ainda no hospital, ela chegou a perguntar se eu continuaria com ela diante de tudo o que estava acontecendo.

Namorávamos havia cerca de um ano, e tínhamos nos conhecido dois anos antes, quando ela mudou de colégio e caiu na minha classe, no segundo ano do Ensino Médio, em 1994.

Hoje, continuamos juntos, e é engraçado pensar que se ela não tivesse repetido de ano e mudado de escola, provavelmente não teríamos nos conhecido e vivido a nossa história.

Isso me faz refletir sobre quanto controlamos o nosso destino, sobre a existência de razões para justificar as adversidades que enfrentamos na vida e ainda sobre como podemos transformar adversidades em oportunidades, temas que você encontrará ao longo deste livro inspirador.

No auge de seus 22 anos, e ainda no hospital, quando Andrea foi internada porque, da noite para o dia, havia parado de mexer as pernas, ela estava muito debilitada e, principalmente, triste e assustada com tudo aquilo, afinal ela tinha uma vida toda pela frente. Ali, eu só conseguia pensar em como diminuir a dor dela.

Nunca pensei em deixá-la, ainda mais naquela situação de fragilidade e vulnerabilidade. Foi natural estar ao lado dela, da mulher que eu amava, e me deixei ser guiado pelo meu coração e pelos valores que aprendi com meu pai e minha mãe.

Nós éramos muito jovens na época, e eu não sabia exatamente o que estava acontecendo, nem quais seriam os impactos futuros, mas, de algum modo, descobri em mim uma maturidade enorme para lidar com a situação e contribuir para que a Andrea pudesse continuar sua vida e permanecer ao meu lado.

Evidentemente não foi fácil, nós choramos muito, questionamos muito, e não havia respostas para todas as nossas dúvidas. Tínhamos apenas uma certeza: o nosso amor.

Juntos, vivemos cada momento dessa jornada. Sofremos, mas comemoramos cada pequena conquista. Me lembro de quando ela conseguiu se sustentar sozinha sentada na cama; quando conseguimos dar a primeira volta de carro após a lesão, ou quando, mais para a frente, nos tornamos empreendedores sociais e fechamos nosso primeiro contrato para iniciar nosso trabalho com acessibilidade e inclusão. Um passo importante para conquistarmos nossa independência financeira e nos casarmos.

Andrea se mostrou uma pessoa extremamente resiliente com uma visão positiva e realista da vida, e isso a ajudou a se adaptar à sua nova condição como pessoa com deficiência.

No início, acreditávamos que com o tempo e muita fisioterapia ela voltaria a andar, mas, em determinado momento, isso já não era importante para ela, muito menos para mim.

Importante era retomarmos a vida e construirmos o nosso futuro, afinal éramos muito jovens e tínhamos muitos sonhos, como o de formar uma família. Construímos essa tão sonhada família com nossos filhos, Guilherme Haber, hoje com 18 anos, e Leonardo Haber, 15 anos, pessoas que nos enchem de orgulho e que absorveram nossos valores familiares como amor, empatia, união, valorização das diferenças, equidade de oportunidades, inclusão.

Quem conhece a Andrea de hoje, uma mulher de sucesso — que chegou a ser reconhecida pelo quarto ano consecutivo como uma das 500 Pessoas Mais Influentes da América Latina, segundo a Bloomberg Línea, que já auxiliou mais de vinte mil pessoas com deficiência a entrarem no mercado formal de trabalho, que tem mais de 1 milhão de seguidores nas redes sociais e que está transformando a forma como a sociedade enxerga as pessoas com deficiência —, não faz ideia do que ela passou para chegar até aqui. Ao contar a própria história, ela pretende inspirar você a ser protagonista da sua vida.

Por isso, neste livro ela compartilha mais os seus bastidores do que o palco. Aqui, Andrea traz a experiência de uma vida em que foi capaz de transformar a maior adversidade que aconteceu com ela em uma grande oportunidade de ajudar a si mesma e outras milhares de pessoas. Nas páginas seguintes, você encontrará ensinamentos valiosos de *como podemos ser felizes em qualquer condição*, como ela costuma dizer em suas palestras.

Ao lado da Andrea, testemunho diariamente a sua potência e como ela faz para ultrapassar todos os tipos de desafios. A energia dela parece ilimitada, fruto da paixão intensa que tem pela vida. Fico impressionado com sua capacidade de entrega em todos os diferentes papéis que exerce, seja no âmbito profissional ou no pessoal.

Andrea me ensina a não dar tanto valor aos obstáculos que aparecem; a acreditar que, para todo empecilho, há uma solução; e que cada um de nós possui uma capacidade incrível de adaptação, muitas vezes desconhecida. Convivendo com ela, fui descobrindo as minhas potencialidades como ser humano e crescendo junto desde quando ela se deparou com a necessidade de se reinventar. Ela foi ditando o ritmo com sua ânsia de viver, e eu fui ganhando aprendizado ao me permitir ter a sabedoria de acompanhá-la nesse processo conjunto de autodesenvolvimento.

Hoje, quase trinta anos depois, Andrea tem muito mais do que uma boa história para contar. Ela forjou na sua vivência e experiência uma forma de viver a vida plenamente, além de qualquer limitação.

Nas próximas páginas, convido você a conhecer essa mulher que tanto amo e admiro, e que com muita obstinação reinventou a si mesma com maestria. Andrea ensina, através de sua história, alternativas para que consigamos nos aceitar e entender qual é o nosso papel no mundo. Você vai encontrar um olhar muito interessante para a vida, facilmente adaptável para a sua realidade. Descobrirá como se transformar da melhor forma possível em qualquer condição que se encontre, usando somente seus próprios recursos. Embarque nessa leitura de coração aberto: seu voo mais bonito pode começar a partir de agora.

Andrea, minha parceira de vida:
Te amo sentada, deitada, em pé... e voando!

APRESENTAÇÃO

por Guilherme Haber e Leonardo Haber

GUILHERME HABER

Tenho o privilégio de ser filho de dois empreendedores sociais extraordinários que, juntos, estão transformando o mundo em um lugar mais acessível e inclusivo. Minha mãe, Andrea Schwarz, tornou-se uma pessoa com deficiência ainda jovem, quando namorava meu pai, Jaques Haber. Naquela época, eu ainda não estava nos planos, mas eles já compartilhavam um amor profundo e um propósito de vida que os guiaria por uma jornada de transformação social.

Foi a partir dessa experiência pessoal que meus pais fundaram a iigual,[1] uma consultoria dedicada à inclusão de pessoas com deficiência no mercado de trabalho. Eles já ajudaram mais de vinte mil pessoas com deficiência a conquistar um emprego formal e digno. Cresci imerso nesse ambiente, onde cada ação tinha um propósito maior: o de promover a igualdade de oportunidades e a valorização da diversidade.

---

1 Saiba mais em: https://iigual.com.br.

Andrea Schwarz

Atualmente, estou cursando a faculdade, ainda em processo de descobrir qual será meu caminho profissional. No entanto, uma coisa já sei com certeza: não importa qual carreira eu escolha, levarei comigo o compromisso com a inclusão e a justiça social, inspirado pelos exemplos diários de meus pais. Eles me ensinaram que ser relevante para o mundo é, acima de tudo, ser consciente das necessidades das outras pessoas e trabalhar para um futuro mais equitativo.

Como minha mãe costuma dizer em suas palestras: "Eu não tenho a pretensão de escolher o que meus filhos serão, mas sei o que eles têm direito de ter: liberdade e escolhas." E é essa liberdade, essa força para escolher e construir o próprio caminho, que eles têm me dado todos os dias. Este livro é um reflexo dessa jornada, e espero que ele inspire tantas outras vidas, assim como me inspira diariamente.

Ao olhar para o futuro, sei que ainda tenho muito a aprender, mas uma coisa é certa: quero usar minha voz e minhas escolhas para fazer do mundo um lugar onde cada pessoa, com todas as suas particularidades e características, possa encontrar o seu lugar e ser respeitada por quem realmente é.

LEONARDO HABER

" Minha mãe não anda, ela voa".
Desde pequeno, vejo minha mãe em constante movimento, ocupada e cheia de energia. Por isso, quando me perguntaram, aos 8 anos, se ela não andava, respondi, sem pensar duas vezes, que não, ela voava!

Vivendo com ela, aprendi o quanto a acessibilidade é importante. Ainda que tenha demorado um pouco, por ser criança, foi com ela que entendi o que significa viver em um mundo onde todas as pessoas podem ser quem são. Sou um cara mais tímido e reservado — mas entendo a importância do trabalho dela e de como espalhar a mensagem sobre inclusão ajuda as pessoas. Para mim, ela é a prova de que quando acreditamos em nós mesmos, podemos superar qualquer desafio.

Uma das maiores lições que recebi dela foi a aceitação de quem sou. Quando precisei usar óculos, por exemplo, levei numa boa, porque cresci vendo o quanto ela se ama e se aceita, mesmo quando alguém olha para ela de maneira diferente por conta da cadeira de rodas. Sempre vejo que ela está linda e confiante, e isso me ensinou que a nossa autoestima não deve depender da opinião dos outros.

Como filho, para mim, é difícil ver quanto minha mãe ainda precisa ficar mostrando que pode fazer tudo que qualquer outra pessoa faz. Para nós, isso sempre foi óbvio, já que ela nunca deixou que a cadeira fosse um problema.

Aqui em casa, falamos muito de família, inclusão e empatia, mas não só nas conversas, fazemos disso uma prática. Aprendi que não existe diferença entre as pessoas, e se eu vir uma injustiça, sei que não posso ficar parado, preciso fazer algo.

Agora, com 15 anos, ainda estou descobrindo o que farei no futuro, além de jogar futebol. Não sei exatamente o que vou ser, mas de uma coisa tenho certeza: vou levar comigo os valores que aprendi em casa. Seja qual for o trabalho ou caminho que eu siga, quero lutar para que todo mundo tenha espaço e para que ninguém seja deixado de lado. Por causa da minha mãe, a inclusão faz parte de quem eu sou, porque foi assim que cresci. É difícil colocar em palavras o que minha mãe significa para mim, porque ela é simplesmente tudo.

De todas as lições que ela me ensinou, a mais importante é fazer do mundo um lugar onde as pessoas possam ser aceitas como são. Esse é o mundo que eu quero ajudar a construir junto com minha família.

**Minha mãe
não anda,
ela voa.**

LEONARDO HABER

ANTES DE VOAR

"Seja você mesma, o mundo se ajusta".

Você já parou para observar os pássaros e como se aventuram a viver? Ainda filhotes, jogam-se no ar esperando que, justamente durante o desafio, sua natureza os surpreenda, fazendo-os alçar voo. Ao voar, eles não têm controle de seu futuro nem mesmo de seu corpo neste início, mas escolhem, mesmo assim, saltar com coragem.

Como com eles, a coragem e a capacidade de superação sempre fizeram parte da minha vida. Segundo minha mãe, em 1976, ano em que nasci, não era tão incomum ver crianças usando botas para a correção das pernas, como as que tive de usar por conta de uma luxação coxofemoral[2] — que acontece quando o quadril do bebê ainda não se formou totalmente, e as causas podem ser várias, incluindo histórico familiar. Apesar de eu não ter lembranças concretas

---

2 DISPLASIA do desenvolvimento (luxação) do quadril (DDQ). *Sabará Hospital Infantil*. Disponível em: https://www.hospitalinfantilsabara.org.br/sintomas-doencas-tratamentos/displasia-do-desenvolvimento-luxacao-do-quadril-ddq/. Acesso em: 16 out. 2024.

dessa época, minha mãe me conta que sempre aceitei bem usar o aparelho ortopédico, desde bebê até não precisar mais dele nem da bota.

Sempre acreditei nas conexões que a vida nos mostra e, curiosamente, durante a infância, meu pai também parou de andar por um tempo, quando morava em Israel, onde houve um grande surto de paralisia infantil. Naquela época, os diagnósticos não conseguiam ser tão precisos, mas minha avó contou que esse foi o dele e que, através de massagens indicadas pelos médicos, ele voltou a andar, ficando com uma pequena sequela: puxava a perna de maneira tão sutil ao caminhar que só quem sabia de sua história era capaz de identificar. Sou muito parecida com ele em vários sentidos, tanto fisicamente quanto na personalidade; sempre fomos práticos ao lidar com as adversidades.

Eu nunca permiti que a paraplegia me limitasse, e ele me ensinou muito sobre isso. Sempre dizia: "Seja você mesma, o mundo se ajusta" — uma frase que me arrepia até hoje e me conforta nos momentos de saudade dele, que infelizmente já não está mais aqui. Quando penso nisso, sempre encontro a força que me impulsionou a assumir minha história com orgulho. Hoje, a cadeira de rodas faz parte da minha identidade, mas ela não me define.

Os acontecimentos na minha vida sempre se deram de maneira repentina. Meu pai era muito jovem, tinha 60 anos

Eu não escolhi
estar aqui,
eu fui escolhida.

@dea_schwarz

quando faleceu fazendo o que amava: jogando como goleiro de futebol, teve uma queda fatal no campo. A dor dessa perda e como lidei com ela também moldou quem sou hoje. Acredito que não conseguimos escapar do que estamos predestinados a viver, e é como encaramos esse destino que determina quem somos. No meu caso, vejo as adversidades que passei na infância como um pré-treino para o desafio de adquirir uma deficiência e viver com ela no futuro. Fui um bebê moldado na adaptabilidade e na coragem para que eu pudesse ter força quando meu destino mais desafiador chegasse. A minha sorte é que, assim como os pássaros, gosto de uma aventura e nasci para voar.

Outro momento que considero determinante nesse meu passado foi a separação dos meus pais. Minha mãe era formada em arquitetura, mas não trabalhava fora de casa, pois engravidou muito cedo e decidiu se concentrar nos cuidados com a minha irmã e eu. Contudo, ela sempre foi muito batalhadora e queria voltar a trabalhar fora e ter sua autonomia financeira. Aliás, esse fato a incomodava demais, e o desejo de ser dona do seu rumo ficou ali latente. Então ela foi plantando essa vontade e começou a vender joias para amigas, como já fazia minha avó — trabalho informal que era moda nos anos 1980 — na intenção de fazer um caixa para se sustentar. Quando ela decidiu se separar, dois momentos ficaram marcados na minha memória: o primeiro foi quando cheguei da escola com minha irmã, Lica, e, por força do destino, pegamos o mesmo elevador que meu pai e demos de cara com ele na porta, prestes a descer com vários ternos na mão; e o segundo, quando minha mãe cortou o cabelo curtinho, algo pelo qual meu pai sempre implicou e era uma vontade dela. Ali, minha mãe se rebelou à nível Rita Lee — *"Por isso não provoque, é cor de rosa choque"* — e me vi refletida na coragem dela.

São nessas mulheres de força do meu passado, mãe e avó, que eu me apoio e me reconheço. Minha avó perdeu tudo na Segunda Guerra Mundial e veio para o Brasil recomeçar do zero. Diferente da minha mãe, que teve a opção de não trabalhar fora, minha avó necessitava do dinheiro que o trabalho traz, pois a realidade dos imigrantes que chegavam aqui era dura. Tenho orgulho ao dizer que somos uma família de mulheres resistentes e persistentes.

Quando olho para trás, seja na minha ancestralidade ou na minha trajetória, vejo que a vida sempre teve a intenção de me preparar para o que seria o meu futuro. Aos 13 anos, fui com uma amiga para o Guarujá, litoral sul de São Paulo. Na garupa de uma mobilete, estávamos nos divertindo na praia da Enseada quando ela não viu uma lombada e caímos. Ela ficou alguns dias com perda de memória, e eu ganhei quatro pinos no maxilar. Na época, fiquei um ano sem poder comer sólidos. Nesse período, ir para a escola, no auge da minha

Andrea Schwarz

adolescência e vestindo uma mentoneira maxilar,[3] foi o início de um processo desafiador de amadurecimento emocional que já envolvia questões importantes sobre os estereótipos em cima dos corpos socialmente aceitos. Mais tarde, na faculdade, me formei fonoaudióloga. A força do destino mais uma vez se fez presente e, no meu último ano, me proporcionou atender muitas pessoas com deficiência.

Foi então, no segundo semestre do último ano da faculdade, com 22 anos que parei de andar. Dia 27 de setembro de 1998. Um mês antes, eu já havia começado a sentir alguns sintomas, como um pontinho de formigamento no joelho direito que desaparecia e voltava, mas confesso que sequer me passou pela cabeça o que estava prestes a vir pela frente. Eu senti um estranhamento quando meu joelho todo começou a ficar com sensação de anestesiado, e minha mãe me aconselhou a ir ao mesmo ortopedista que havia cuidado da luxação coxofemoral que tive quando nasci. Jaques, hoje meu marido, já era meu namorado naquele tempo e foi comigo à consulta.

Inicialmente, o médico considerou que eu talvez tivesse somatizando meus atendimentos da universidade. No entanto, como eu tinha estudado quatro anos de neurologia,

---

[3] A mentoneira maxilar é um aparelho que se apoia no queixo e é utilizado para tentar impedir o crescimento da mandíbula, e leva o queixo para trás. Esse aparelho era usado apenas em crianças.

ao sentir os sintomas iniciais, com conhecimento de causa, fui me autodiagnosticando para o doutor. Descrevi os espasmos, a falta de sensibilidade, quedas imprevisíveis e minha percepção de que deveria ser algo na medula. Ele achou improvável essa hipótese, mas, para tirar qualquer dúvida, pediu uma ressonância da coluna lombar. Não deu nada no laudo, porque, mais tarde, descobriríamos que meu problema estava na região torácica.

Conforme o tempo passava, comecei a ter mais e mais sintomas. Um dia, estávamos indo para a casa de um amigo nosso, e, ao tentar subir uma longa escadaria, senti minha perna falhar e, então, caí. Minha família começou a questionar se eu deveria seguir essa carreira que estava abalando tanto o meu emocional ou se eu deveria procurar ajuda psiquiátrica.

Em uma noite, no apartamento de veraneio dos pais do Jaques, nós estávamos dormindo quando comecei a sentir vontade de urinar toda hora, quem já teve infecção urinária deve entender bem a sensação, já que era bastante parecida. Lembro de pensar que algo estava errado, porque tive de ir me escorando pelas paredes até chegar ao banheiro, enquanto chamava pelo Jaques, pedindo ajuda. Primeiro, parei de conseguir urinar, e, logo em seguida, de me levantar. Voltamos de carro correndo para São Paulo, direto para minha casa. Eu ainda conseguia mexer um pouco os dedos do pé, mas já não conseguia sustentar o meu corpo sozinha. Naquele momento, não tinha noção da dimensão do que estava acontecendo comigo. Aos 22 anos, o único pensamento que passava pela minha cabeça era: o que a vida pode me fazer no alto da minha juventude?

Já em São Paulo e a caminho do hospital, com a gente no carro, estava uma amiga da minha mãe que tinha acionado um neurologista do Hospital Albert Einstein. Chegando lá, fui atendida pelo médico da equipe dele. Todos os testes neurológicos foram feitos, aliás, conheço essa sequência de cor, pois tive que repeti-los durante todo o mês conforme eu perdia meus movimentos.

No princípio, pelos sintomas, suspeitaram de meningite, e tive de fazer um exame bem dolorido que por fim veio com um resultado negativo. Em seguida, consideraram ser um vírus que paralisava a musculatura. Enquanto isso, eu permanecia internada para investigação, fazendo tantas ressonâncias que até hoje tenho trauma daquele barulhinho que faz a máquina apitar repetidamente durante o exame.

Quando estava ali dentro, na aflição de não saber o que estava acontecendo comigo, esse som parecia um relógio que marcava os segundos que restavam da minha antiga vida. Aquele mês inteiro de internação representou o início de uma jornada gigantesca de autoconhecimento. Eu não fazia ideia de que a vida era capaz de mudar tão rápido e de que eu podia ser tão forte, mas, principalmente, não esperava que eu seria virada do avesso, e, nele, descobriria que o avesso era o meu melhor lado.

Na primeira semana que passei no hospital, minha irmã não estava em casa, e foi desafiador para minha mãe encontrar uma maneira de contar a ela tudo que estava acontecendo. Quando a Lica viajou, eu estava bem, e quando voltou, eu já não andava mais. Ela surtou e foi um grande choque para ela também, já que, desde pequenas, sempre fomos muito unidas. Como contei, o elo entre as mulheres dentro da minha casa sempre foi muito forte e especial. Estranhamente, me lembro de uma memória bem curiosa dessa época. Pouco antes da minha ida ao hospital, em um dia no qual eu já tinha alguns sintomas, me lembro de estar escovando os dentes para dormir e, ao me olhar no espelho, vi meu reflexo, só que sentada em uma cadeira de rodas. Levei um susto e corri para o quarto da Lica para contar. Ela ficou impressionada, mas tentou me acolher, dizendo que eu devia estar sugestionada pelo trabalho com as pessoas com deficiência na faculdade. Para mim, essa foi a forma que o meu inconsciente encontrou de me dizer que algo neurológico estava errado comigo, mas hoje sei que é também um lado muito forte e intuitivo que tenho quando algo está prestes a mudar.

Durante a minha internação, cada vez mais eu perdia a mobilidade — começou no lado direito, depois passou para o lado esquerdo, subindo cada vez mais pelo meu corpo.

Andrea Schwarz

Entre essas milhares de ressonâncias as quais fui submetida, uma mais moderna diagnosticou que eu tinha uma má formação congênita na medula espinhal; uma verruga vascularizada mínima e que fez um estrago gigantesco ao começar a sangrar por algum motivo. Era preciso fazer uma cirurgia para removê-la, mas havia riscos. Assim, o que me restou foram outras duas certezas: como era congênita e não hereditária, isso queria dizer que meus futuros filhos (que eu ainda não tinha, mas queria ter) não teriam a condição, e que também não tinha sido algo passado para mim através do meu pai, que também teve a perda do movimento das pernas quando criança. Esse era o meu destino, era eu quem precisava viver essa história.

Entenda uma coisa: tudo acontece da maneira que deve acontecer — esse pensamento se encaixa perfeitamente na sucessão de acontecimentos durante toda a trajetória da minha vida. Afinal, nós não controlamos absolutamente nada, a não ser a maneira com que vamos encarar o nosso destino. No meu caso, decidi que seria com positividade, e creio que a positividade escolheu morar em mim desde que nasci, pois sabia que, fazendo morada na minha personalidade, seria a protagonista da minha jornada.

Meus pais já estavam separados quando eu tive que fazer a escolha mais difícil da minha vida: como alçar meu voo a partir do diagnóstico que recebi. A verruga não parava

Tudo na nossa vida acontece da maneira que deve acontecer.

@dea_schwarz

de sangrar. Inicialmente, os médicos tentaram controlar o sangramento com cortisona para evitar que a cirurgia fosse necessária, afinal, a medula espinhal tem células nervosas que não se regeneram, e não era possível prever como se daria a lesão no local: total ou parcial. Por outro lado, não fazer nada também tinha seus riscos e poderia até piorar o meu quadro.

Meus pais queriam uma segunda opinião e foram atrás de um neurologista renomado do Rio de Janeiro, que aconselhou que eu não operasse. Por um mês inteiro, eu havia tomado cortisona, estava muito inchada, e do ponto de vista desse médico, meu corpo, com o tempo, absorveria o sangue, desincharia, e assim eu voltaria andar. No entanto, a verruga ficaria para sempre lá, correndo o risco de sangrar novamente como um vulcão que, ao entrar em erupção, danifica tudo por onde passa. Com o tempo, tive a oportunidade de conhecer pessoas com o mesmo diagnóstico que entraram em contato comigo depois de conhecer a minha história, e muitas vivem com esse risco até hoje.

    Por outro lado, eu tinha a opinião da equipe médica que me atendeu no hospital, em São Paulo, e me explicou que se esperássemos ainda mais, o sangue poderia subir e eu corria grandes chances de ficar tetraplégica, ou até mesmo parar de respirar e morrer. Até aquele momento, não tinha sido possível controlar o sangramento, e enquanto isso a perda da mobilidade foi subindo pelo meu corpo. Para a equipe médica, a hora de operar era aquela, não podíamos mais esperar.

Minha mãe também não sabia em qual prognóstico apostar, mas me alertou para o mais importante: a escolha de operar ou não deveria ser totalmente minha. Eu sentia que já não tinha muita escolha. Primeiro porque criei confiança na equipe médica que tinha me atendido durante todo mês de internação; segundo porque eu sabia que estava perdendo cada dia mais sensibilidade e não queria correr o risco de perder nada além disso, afinal, eu ainda tinha meus braços! E, em terceiro, ouvi meu coração que me disse para operar: eu ainda não sabia, mas o meu destino era voar! Assim, decidi pela operação, que foi feita com o auxílio de robôs no Hospital Albert Einstein, em São Paulo.

Durante o período em que estive internada, todos os dias, sem falhar, um mesmo passarinho voava até a janela do meu quarto. Meu pai, um judeu israelense de alma mística, sempre teve um olhar afiado para as simbologias que se escondem nas entrelinhas da vida cotidiana. Herdei dele essa sensibilidade e capacidade quase mágica de enxergar além do óbvio. Com uma intuição apurada, ele dizia que era minha avó, sua mãe, que vinha me visitar. Curiosamente, hoje, na minha casa, toda vez que lavo louça, um beija-flor pousa na janela. Não consigo deixar de pensar que, agora, é meu pai quem usa o poder das asas para me visitar, mantendo a conexão da família viva, além das barreiras do tempo e do espaço.

Quando saí da cirurgia, minha medula ainda estava inchada. O cérebro é responsável por enviar os sinais para a medula decodificar, então se eu quero mexer o braço, ele manda essa informação para a medula que traduz e aciona a musculatura necessária para o movimento. A minha lesão é na região torácica da medula, por isso meus membros superiores estão preservados. Na época, nós não sabíamos o quanto a cirurgia podia ter acarretado maiores danos à lesão medular, pois quando se tira um tumor benigno, a célula nervosa não se regenera na medula,[4] diferente do cérebro que com toda sua neuroplasticidade tem mais capacidade de regenerar uma lesão. Ainda assim, até a equipe médica demonstrou esperança de que eu voltasse a andar nos três meses seguintes à cirurgia. Então, durante esse tempo, nós investimos tudo em esforços e esperança e uma frase — atribuída ao filósofo dinamarquês Sören Kierkegaard — me movia: "A vida só pode ser compreendida olhando-se para trás, mas só pode ser vivida olhando-se para frente".[5]

Em casa, meu quarto era rosa, com direito a coleção de perfumes e painel de imãs com fotos das viagens que

---

[4] O FUTURO da recuperação na lesão medular. INMI. Disponível em: https://inmi.com.br/o-futuro-da-recuperacao-na-lesao-medular/. Acesso em: set. 2024.
[5] KIERKEGAARD, S. *O desespero humano*. São Paulo: Martin Claret, 2001.

eu tinha feito, das minhas amigas e do Jaques. Para minha surpresa, assim que cheguei do hospital e abri a porta, me deparei com um quarto hospitalar. Isso me marcou tanto! Lembro de logo perguntar pelos meus perfumes que ficavam exatamente onde, agora, eu via os cateteres e todos os remédios que me acompanhariam naquele momento. Compreendi que a partir daquele momento minha vida ia mudar para sempre.

Muitas pessoas, quando veem alguém em uma cadeira de rodas, acreditam que essa condição é um ponto final na vida. Lembro-me bem de quando, comigo ainda na terapia semi-intensiva, um familiar veio para me visitar. Ao se inteirar de que eu estava sem os movimentos, disse para minha mãe que eu não ia me casar mais. Minha mãe até tentou disfarçar, mas eu ouvi. Nesse dia, chorei muito. As pessoas podem ser empáticas, ter compaixão e tentar imaginar essa dor, mas só quem passa por ela a conhece de verdade.

Não era fácil. Eu tinha recém-saído de uma cirurgia pesada, cheia de medicamento no corpo, sem mobilidade nenhuma. Minha mãe me colocava na cama, e eu caía, sem forças para me manter, e chorava, inconformada, repetindo para ela: "Poxa, sempre gostei tanto de viver!". Foi quando minha mãe sentou e teve uma conversa comigo que relembro sempre que encaro minhas principais dificuldades. Ela propôs de só olharmos para o passado quando a vida ficasse mais fácil, e para ainda não olharmos para o futuro porque, no momento, ele estava nos gerando uma baita ansiedade e nós ainda não tínhamos as respostas de que precisávamos. Terminou dizendo: "Vamos viver o presente, o aqui e o agora!". E, assim, aprendi muito a dar valor ao momento atual; não deixo para amanhã algo que quero fazer hoje — ainda que com responsabilidade, evidentemente. Afinal, ninguém controla o futuro, e tudo pode mudar muito rápido sem sequer imaginarmos.

A partir dali, dedicamos a nossa atenção a nos adaptar a todos os desafios dessa nova rotina em casa. Durante os primeiros meses, nos deparamos com adversidades de todos os tipos, inclusive o afastamento de amigos e amigas. Na época, desenvolvi um bexigoma[6] na barriga por conta da dificuldade da minha mãe de passar o cateter, que está longe de ser uma tarefa simples de se fazer em um desconhecido, quanto mais na própria filha. Na época, uma vizinha que era ginecologista veio nos ajudar. Hoje, passar o cateter em mim mesma faz parte do meu cotidiano.

O Jaques ficou com o meu carro emprestado, um Uno na época, para conseguir ir e voltar do hospital, ele ia me visitar

---

6 Condição na qual a bexiga fica distendida por conta do acúmulo de urina.

todos os dias à noite. Foi muito duro perceber que só havia sobrado minha mãe, Nathan (meu padrasto), o Jaques e eu, porém isso se transformou na base do nosso relacionamento. Quando ele vinha, até as enfermeiras me arrumavam, faziam escova no meu cabelo para eu recebê-lo. Ele sempre se fez presente, mas a verdade é que eu não sabia se ele ia querer ficar comigo, mesmo estando apaixonados desde a época do colégio.

Internada no hospital, eu perguntava se ele queria ficar comigo mesmo assim, e ele respondia prontamente: "A minha história é com a Andrea, não importa se sentada, deitada ou de pé. A minha história é com você, independentemente de como vai ser daqui para frente". Após deixar o hospital, todos os dias ele ia para a casa da minha mãe me ver. Ela até já deixava o prato pronto para ele no micro-ondas! Eu aguardava ansiosa a noite chegar para dar uma volta pela cidade com ele e ir tomar água de coco na banca do Pacaembu, localizada no bairro de mesmo nome entre as zonas oeste e central de São Paulo. Só que essa tarefa não era tão simples como pode parecer. Primeiro, porque eu pesava vinte quilos a mais que peso hoje, e, segundo, porque, no início, eu precisava de ajuda para fazer absolutamente tudo. Meu padrasto, que sempre foi alto, forte e empático — e chegou a dormir por 30 dias segurando a minha mão numa poltrona no hospital —, me ajudou muito nessa rotina de locomoção até eu aprender a ter minha autonomia. Jaques e ele sempre davam um jeito de fazer o meu passeio acontecer.

No princípio, os nossos amigos e amigas vinham me ver, mas conforme os meses foram passando, as visitas foram ficando menos frequentes, e cada um tinha sua agenda de festas e vida social para participar. O Jaques e eu éramos da mesma turma; alguns cortaram totalmente a amizade, retomando o contato depois de uns bons anos e assumindo que reagiram assim por não saberem lidar com o que tinha acontecido comigo. Assim, com o afastamento do nosso grupo, passamos a sair só Jaques e eu, ou com alguns amigos e amigas da minha mãe que eram mais maduros. Isso nos serviu de base para construirmos a relação de amor, paixão, companheirismo e confiança que temos hoje, com a convicção de que todas essas vivências nos fortaleceram. Meses antes de eu me tornar uma pessoa com deficiência, ele e eu fizemos uma viagem de mochilão pela Europa, experiência essa que também nos ajudou a criar um vínculo importante. Hoje, com a certeza da relação que construímos juntos, costumo dizer que o mundo pode explodir. Se restarmos só eu e ele, sei que vai ficar tudo bem. Enquanto escrevo este livro, já faz vinte e seis anos que sou uma pessoa com deficiência, e lembro do Jaques sempre presente comigo. Mais do que isso: a família dele nunca questionou nossa escolha de estar juntos. A cada vitória, eles sempre vibravam por mim também.

Aprendi muito a dar valor ao momento atual; não deixo para amanhã algo que quero fazer hoje — ainda que com responsabilidade, evidentemente.

@dea_schwarz

Andrea Schwarz

Eu fazia hidroterapia, fisioterapia e tinha enfermeiras que se alternavam em três turnos, entrando e saindo, mexendo em mim o tempo todo, pois minha mãe precisava voltar a trabalhar fora. A dor de deixar de ser uma mulher superindependente e autossuficiente para depender de pessoas para fazer o básico foi significativa. Eu queria minha autonomia de volta.

Decidi então focar a minha reabilitação. Nos primeiros três meses, eu não conseguia nem fazer as atividades do dia a dia, como me vestir sozinha, tomar banho e ir ao banheiro. Demoramos a entender que a minha condição seria mais definitiva que temporária. Fiquei um ano nesse processo, até conseguir tirar carteira de motorista e ter força para fazer minhas transferências sozinha.

Depois de uns seis meses, tivemos uma nova conversa com a equipe de neurologistas para compreender as minhas possibilidades de reabilitação e as esperanças de eu voltar a andar já eram menores. Coincidentemente, um sábio rabino de Israel, estudioso do Zohar,[7] livro cabalístico que faz parte da Torá, estava no Brasil, e eu tive a sorte de recebê-lo em casa por intermédio de uma amiga que o conhecia, com a intenção de entendermos um pouco do futuro a que estaria predestinada.

---

[7] Livro cabalístico sagrado conhecido também como Livro do Esplendor. BENSION, A. *O Zohar: o livro do Esplendor*. Rio de Janeiro: Editora Polar, 2019.

Não sou uma pessoa religiosa, mas em momentos desafiadores a espiritualidade tem muito a nos ensinar. E, naquele momento, eu precisava de algo para me agarrar. A partir da análise da minha data de nascimento, juntamente a uma página do Zohar que abri aleatoriamente, o rabino me confirmou que eu não ia mais voltar a andar e disse: "Você tem um destino a ser cumprido nesta cadeira de rodas, e só terá essa consciência daqui a uns bons anos, isso tinha que ocorrer com você, porque este acontecimento é o que vai te encaminhar para o seu propósito de vida". Quando olho para trás e percorro nas minhas lembranças o que já vivi, fico impressionada como tudo tinha que ser como foi previsto. O rabino fez uma reza de proteção que está guardada, e que usei durante muito tempo dentro do meu sutiã. Tenho também um volume do Zohar até hoje na cabeceira da cama.

Quando algo trágico acontece com nossa integridade física ou com alguém que amamos, a tendência é procurar explicação para o inexplicável. Para mim, ter fé é acreditar piamente na força incontrolável do nosso destino. Tudo que me aconteceu — a doença, a visão no espelho, a relação com o Jaques, a avó na figura de pássaro na janela, o pai em forma beija-flor e a previsão do rabino — está interligado pelo poder do destino.

Ao passar por um trauma desses, pequenos passos que jamais celebraríamos como conquistas se transformam em grandes vitórias. A primeira vez que consegui parar sentada sozinha, saímos para comemorar. Quando Jaques me transferiu da cadeira para o carro sem ajuda do meu padrasto, fizemos outra comemoração. Cada realização a caminho da minha independência como pessoa com deficiência era motivo de uma alegria tão grande a ponto de a frustração de não conseguir mais andar perder o sentido. Em determinando momento, nós já tínhamos nos adaptado à nova vida e já não precisávamos mais dessa esperança de voltar a andar para continuar seguindo.

Eu sempre abro as minhas palestras dizendo que toda história é uma jornada, e quanto mais a gente escuta, mais percebe estar a uma história de distância. Cada pessoa tem uma jornada e uma vivência para contar. Todo mundo vai passar por situações difíceis. Não existe escalas de sofrimento, cada pessoa tem a sua e passa pelo que tem que passar, por isso não podemos nem interpretar ou julgar a dor alheia. Você pode não ter passado por uma experiência como a minha, mas com certeza já enfrentou obstáculos e adversidades com dores emocionais parecidas.

As histórias humanas inevitavelmente se conectam de uma forma ou de outra; em algum momento dessa leitura ou de uma conversa, por exemplo, nos sentiremos identificados com um fato, um sentimento, uma troca que nos gerou empatia e, por isso, um aprendizado. Não importa se é um diagnóstico grave e inesperado, uma separação, a perda de um emprego ou uma prova difícil: as emoções são comuns a todos nós, mesmo quando geradas por motivações diferentes. Temos a mania de sempre achar que o que acontece com a outra pessoa é mais grave ou mais perfeito. Se nos compararmos tanto na dor quanto nas vitórias, corremos o grande risco de nunca nos sentirmos suficientes e de não valorizarmos o que somos e o que conquistamos. A nossa história é única justamente porque só nós podemos construí-la! Portanto, o que podemos fazer a nosso favor em um momento desafiador é valorizar a nossa capacidade ímpar de adaptabilidade, não importa quão dolorosa seja nossa história.

Eu passei a focar muito em mim durante essa jornada, e essa atitude me fortaleceu demais. No início, chorava sozinha, tentando achar dentro de mim uma explicação para o que tinha me acontecido. Por que eu? Como sair dessa situação? Como transformar a minha solidão em solitude e erguer a cabeça? Eu vi minha mãe abrir mão de saídas com as amigas para cuidar de mim, me vestir, passar o cateter, parar a vida para tentar lidar com aquilo junto comigo, e precisei entender que minha vida nunca mais seria a mesma, e só dependia de mim me transformar e me revigorar.

Com apenas seis meses que eu estava na cadeira de rodas, minha irmã resolveu noivar. Lembro que fiquei triste, pedi para ela segurar um pouco mais, pois eu ainda não estava bem, eu não estava me sentindo bem comigo mesma, com a autoestima lá embaixo, mas a dor era minha. Quem tinha que olhar para a frente e achar uma luz no fim do túnel era eu.

    Todas as pessoas ao meu redor tinham a própria vida para seguir, até mesmo minha mãe, minha irmã e o Jaques; a única que estava passando por todas as mudanças internas e externas era eu mesma. Algumas pessoas passam uma vida inteira sem se conhecer de verdade, por isso, olhei para mim mesma com coragem e agarrei essa experiência como uma enorme oportunidade de autoconhecimento. Tal qual os pássaros que trocam de penas, eu também troquei as minhas várias vezes nesse processo. Somos a escolha que fazemos a cada segundo. Obviamente, eu não seria a Andrea que sou hoje sozinha. O Jaques, amor da minha vida, e minha família foram essenciais para eu chegar até aqui.

    Será que estar na cadeira de rodas faria de mim uma nova Andrea? Ou extrairia de mim o que eu tinha de melhor a oferecer para o mundo?

    A vida não para. E eu também não parei.

Toda história é uma jornada, e quanto mais a gente escuta, mais percebe estar a uma história de distância.

@dea_schwarz

O MUNDO
LÁ FORA

"O processo de autoaceitação é diário. Primeiro, precisa ser vivido e compreendido, para só depois ser aceito".

Você sabe reconhecer a oportunidade que as situações desafiadoras proporcionam? Nós, seres humanos, temos a tendência de querer permanecer em nosso estado de conforto. Talvez porque, estruturalmente, temos dificuldade de lidar com problemas, seja por falta de apoio familiar, inteligência emocional, autoconhecimento ou mesmo por não nos reconhecermos aptos para isso. Independentemente de qual seja o motivo, fato é que, muitas vezes não sabemos valorizar quanto as situações desafiadoras podem ser valiosas para nossa evolução pessoal. Diante do que vivi, fui provocada a sair desse lugar confortável para entender que a deficiência, então, passaria a fazer parte da minha identidade. Ao mesmo tempo, isso não quer dizer que ela me define.

Aliás, ninguém deveria se definir a partir de uma única característica. Nem por uma profissão, nem por gostos pessoais, nem por uma condição física. Somos uma somatória de vivências. E o que nos faz ser quem somos é justamente esse apanhado de atributos distintos. Na sociedade, a deficiência — assim como tantas outras características — é vista como um rótulo, e eu, desde o início, estava disposta a não me encaixar nele. Nos acomodar dentro da bolha que a sociedade nos encaixa pode ser muito tentador, principalmente quando estamos sofrendo. No entanto, se eu não me dispusesse a romper com estereótipos, meu futuro já estaria pré-determinado: eu seria mais uma a ficar presa em casa assistindo à televisão, sendo ajudada e sem viver a história que eu queria para mim.

    O falso conforto que a conformidade oferece rapidamente se transforma em uma prisão, e muitas pessoas pensam que o jeito mais fácil de sair desse encarceramento é passando por uma situação extrema como a que passei, mas se fosse assim, todas as pessoas encarariam o luto de um ente querido, por exemplo, de uma mesma maneira, e não é assim que acontece, concorda? Até mesmo a maternidade, que para muitas pessoas chega de surpresa, provoca diferentes sentimentos e é conduzida de diferentes formas a depender da pessoa.

    O jeito como reagimos às surpresas da vida, sejam elas positivas ou negativas, depende apenas de nós. Sair do conforto de quem achamos que somos para nos tornarmos alguém melhor sempre parte de uma escolha ativa e autoconsciente. O que te impede de crescer não são as

O jeito como reagimos às surpresas da vida, sejam elas positivas ou negativas, depende apenas de nós.

@dea_schwarz

situações externas ou internas que você vive, mas a falta de reconhecimento da situação. Se você está em um casamento que não está dando certo, ou se está com baixa autoestima, por exemplo, se faz necessário entender isso, aceitar, e seguir adiante a partir desse ponto, sem se deixar levar pelo conformismo. Tenha sempre em mente o seguinte questionamento: como, daqui de onde estou, posso me aprimorar para chegar a um novo patamar?

Hoje, sou uma pessoa que sente a constante necessidade de sair do estado de conforto. Eu me alimento desse movimento e procuro viajar, pelo menos, a cada dois meses. Isso me faz ter uma perspectiva de vida diferente; é um momento que uso para olhar para mim mesma e para quem está ao meu redor. Sem as minhas preocupações usuais, com o dia a dia invadindo a minha mente, posso curtir e aproveitar muito. Embora as pessoas achem que a cadeira de rodas seja uma prisão, eu enxerguei nela a minha liberdade. Ter me tornado uma pessoa com deficiência é um marco na minha história, é verdade, mas não existe uma Andrea antes e uma depois, só a Andrea, a protagonista desta história, ou seja, a caneta que escreve o que acontece nela está nas minhas mãos.

A maneira como me fortaleci diante do trauma e como escolhi focar o meu futuro a partir de uma perspectiva otimista foi determinante para a minha prosperidade.

Quando enfim me aceitei plenamente tal como estava, algo que se desdobrou à medida que fui me conhecendo mais e mais, compreendi que nada poderia me deter. Antes disso, eu tentava suprimir partes de quem eu era para caber em uma caixinha que não tinha sido construída por mim. Inconscientemente, eu me feria, rindo com as outras pessoas das "piadas" sobre deficiência, porque o desconforto delas espelhava o meu. Sem perceber, me envolvia em situações constrangedoras que apenas perpetuavam esse capacitismo recreativo, disfarçado de brincadeira.

O capacitismo é o ato de discriminar, ofender, oprimir, ou até mesmo supervalorizar alguém em função de sua deficiência. Esse é um preconceito estrutural que se manifesta em, transversalmente, todas as áreas da sociedade, até mesmo na nossa forma de nos comunicar. Quem nunca ouviu ditos populares como "dar uma de João sem braço" ou "mais perdido que cego em tiroteio"? Frases como essas, que já estão enraizadas na nossa cultura, apenas estereotipam pessoas com deficiência como incapazes e dignas de pena, em vez de pessoas singulares com histórias e talentos próprios.

A consciência de tal situação e o meu amor-próprio, entretanto, não surgiram do dia para a noite, foram sendo construídos. Durante anos, mesmo se fizesse um calor de quarenta graus, eu só saía de casa vestindo calça, porque tinha vergonha das minhas pernas. Sempre fui vaidosa, adoro me arrumar, gosto de saias e vestidos, acho muito feminino esse meu estilo romântico, mas, depois de vinte e seis anos sentada em uma cadeira, não tive como evitar que minhas pernas afinassem, e isso me deixou insegura com a minha imagem. Com o tempo, entendi que não adiantava tentar seguir aquele modelo de corpo ideal que nos é apresentado pela sociedade. Mesmo com todas as conquistas diárias de mobilidade, inclusive a de me vestir sozinha, eu estava matando a Andrea aos poucos. Entendi na pele o valor do pertencimento, compreendi que a sociedade tinha de me aceitar como eu sou na essência. A Andrea pessoa com deficiência é simplesmente uma continuidade de quem eu era antes da deficiência. Absolutamente tudo na minha trajetória, sem tirar e nem por, me transformaram em quem sou hoje.

Quando se enfrenta uma dor emocional e/ou física, é fácil se deixar levar pelo vitimismo. Supervalorizamos o que não controlamos, ou seja, o que não depende de nós, e isso acontece porque sabemos que tal comportamento nos permite ficar ali, apegados à dor. O meu diferencial foi sempre me colocar no papel de agente da minha própria mudança; fiz a escolha diária de fazer o melhor com a situação desafiadora da vida que me foi imposta. Agora você pode estar se perguntando: como eu consigo ser assim tão determinada?

Lidar com adversidades, quaisquer que sejam, parte do ponto de uma desconstrução de si e de um diálogo interno para nos conhecermos e descobrirmos nossos pontos de baixa autoestima e inseguranças — além de uma disposição constante para alimentar nosso autovalor. Para mim, esse exercício parte de reconhecer toda a minha trajetória como uma mulher com deficiência e perceber como isso me fortaleceu. Cada desafio que enfrento é mais uma oportunidade de gerar mudança, seja no âmbito pessoal ou profissional. Quando percebo os impactos positivos das minhas ações no mundo, isso reforça a maneira como me enxergo e valorizo.

Para encarar os obstáculos da vida com mais força, é preciso descobrir o que fortalece a imagem que você tem da sua própria pessoa e estimular isso. E mesmo assim ninguém tem 100% de preparação para passar por momentos difíceis, embora todo mundo já tenha passado por alguns.

Existe uma diversidade enorme de fatos que podem se suceder na nossa vida em vários graus diferentes. Todo mundo sabe que ao sair à rua, por exemplo, existe a chance de sofrermos um assalto. Dependendo do lugar, corremos mais ou menos riscos, mas não temos como prever todas as probabilidades. Se tentarmos antever todas elas, adoecemos. A rotina faz com que nos acostumemos com um lugar de conforto em que o cérebro entra no automático. Pensamos que sabemos tudo o que pode acontecer na próxima cena da nossa vida, e quando algo realmente inesperado se passa, pessoa nenhuma está completamente preparada para isso. Aceitar que a vida é imprevisível nos prepara mais para os acidentes incalculáveis do que tentar nos proteger deles, supondo o perigo.

Mas, então, por que algumas pessoas se entregam, e outras, não? Por que algumas têm mais facilidade para acessar a resignação e a superação?

A verdade é que o ser humano tem tendência a dar um peso maior para o que é ruim. Perceba que é muito mais comum ver interesse em fofocas negativas que em novidades positivas. Como se tivéssemos a necessidade de sempre nos compararmos para podermos existir em sociedade. E acredito que fazemos isso porque projetamos na outra pessoa o reflexo de como estamos internamente.

Quando nos julgamos demais, projetamos no mundo o mesmo tipo de criticismo, já reparou? Se um dia eu acordo me sentindo feia, criticando meu corpo, ou seja, escolhendo alimentar negativamente a minha autoestima, é bem provável que nesse dia eu vá fatalmente me comparar fisicamente com outras pessoas, e isso costuma se manifestar em forma de um julgamento negativo da aparência da outra pessoa. Por outro lado, se eu acordo me sentindo bem comigo mesma, isso vai se refletir nas minhas ações. É a minha confiança própria que vai se refletir em um olhar

EU PAREI DE ANDAR E APRENDI A VOAR

mais gentil e acolhedor para as outras pessoas, por isso a importância de se auto aceitar.

O processo de autoaceitação é diário. O que faz uma pessoa dar o ponta a pé para a superação é compreender a importância de cada passo. Primeiro, o processo precisa ser vivido e compreendido, para só depois ser aceito. Eu tive meus privilégios para isso: condições financeiras, estrutura familiar e rede de apoio emocional, entretanto, ainda assim, não posso anular os meus méritos de ter conquistado meu espaço. Quando se tem tudo o que eu tive, é muito sedutor acreditar que a vida já está definida e que, na minha condição de pessoa com deficiência, eu já não tinha nada mais para entregar para o mundo.

Quer um exemplo? Imagine um desafio pelo qual está passando agora. Talvez uma crise financeira, por exemplo. Já pensou que, apesar dela, você é capaz de treinar o hábito de valorizar as outras áreas da sua vida que estão dando certo, como família, vida social e saúde? Focar a atenção no que nos falta é uma armadilha. Repare que quando começamos a reclamar de qualquer coisa no nosso cotidiano, viramos uma metralhadora que atira reclamações para tudo quanto é lado. Esse ciclo se retroalimenta nos jogando para baixo, e consegui, com muito esforço, perceber esse movimento e romper com esse ciclo. Eu disse não para o caminho que a sociedade tinha me traçado, e sim para o destino que eu mesma havia escolhido. No hospital, ainda internada, fiz a escolha de me comprometer comigo mesma. Na minha cabeça, eu tinha chegado no fundo do poço, e só me restava subir. Recordo da primeira vez que consegui dirigir sozinha, o quanto chorei! Como foi gostoso poder sentir o vento batendo no meu rosto enquanto eu conduzia meu carro pela Marginal de São Paulo. Escolhi focar o que eu ainda tinha para apreciar e viver, em vez de me entregar às faltas que se faziam presentes.

Passei a dar valor para conquistas que para muitos são insignificantes já que, durante um tempo, nem o básico eu conseguia fazer por mim mesma. Assim, o objetivo de andar foi ficando cada vez mais para trás. A minha própria fisioterapeuta percebeu e, em determinado momento, me incentivou a ir para academia e voltar a ter minha própria vida. Já não queria mais ficar tentando me reabilitar, buscando um objetivo que não fazia mais sentido para mim. Queria ter uma vida com deficiência, não uma vida apesar da deficiência. Quando aceitei o que aconteceu comigo, saí do aprisionamento dos rótulos impostos às pessoas com deficiência. A minha liberdade estava de volta, e eu voaria ainda mais longe com as asas que tinha!

Questionei esse *status quo* a todo momento, nunca me conformei em não ser aceita para um cargo que queria só por ser uma mulher com deficiência. E até hoje não me permito ser nem subestimada nem supervalorizada. Quantas vezes encontro pessoas no elevador ou na rua que me olham e falam: "Como você é guerreira!" ou, "Você nem parece uma pessoa com deficiência", e isso talvez até soe como um elogio para você. No entanto, a sociedade ainda não percebe quanto alguns comentários são preconceituosos. Eles impõem à minha condição um peso, e a mim, uma carga de responsabilidade que nunca quis carregar. Eu não tenho a intenção de ser guerreira de nada, pelo contrário, se não rompo com as armaduras que me colocam, me deprimo e perco a minha força. Também não escondo a minha deficiência, não tenho a intenção de me parecer com o que não sou nem de esconder uma característica minha. Para a sociedade, é mais fácil lidar comigo me empurrando para o estereótipo da pessoa com deficiência, afinal, já se acostumaram e não querem sair da zona de conforto que é ter de lidar comigo como verdadeiramente sou ou com o que represento.

Faço questão de trazer isso aqui porque é fundamental percebermos quanto nossos valores estão invertidos. Pequenos gestos significativos muitas vezes não são validados, enquanto grandes atitudes rasas se tornam mega reconhecidas. Nos tempos das redes sociais, precisamos ter cuidado, afinal, os recortes que vemos da vida das outras pessoas nem sempre reflete a realidade daquela vivência.

Andrea Schwarz

Apreciamos sugestões de pessoas na internet que nunca vimos pessoalmente: o que eu visto e o que como importa mais de que como verdadeiramente me sinto. Todo mundo tende a postar só a sua melhor cena no palco da vida, assistindo a tudo de camarote, acreditando que a outra vida é mais interessante que a nossa. Será mesmo?

Só cabe a mim reconhecer e validar o valor significativo de quando consegui passar a minha primeira sonda sozinha, foi algo que celebrei muito. Mesmo assim, depois de tantos anos, eu mesma, muitas vezes imediatista e produtiva, que gosto de fazer mil coisas ao mesmo tempo, já me peguei reclamado de ter que parar tudo para passar o cateter no meio de um dia atribulado. Em outro dia, assisti a um vídeo no Instagram de uma mulher, também na cadeira de rodas, comentando a dificuldade de colocá-lo, o que me fez lembrar do início e de como é importante agradecer e valorizar os pequenos aprendizados. Quando me perguntam "quanto tempo vai demorar para eu superar esse obstáculo ou essa adversidade?", respondo que cada pessoa tem o seu tempo. O importante é respeitar esse tempo, se observar e estar frequentemente em contato com suas emoções. Demorei a aprender isso e em alguns momentos não me respeitei.

Aos 40 anos, fui diagnosticada com burnout. Foi uma fase em que várias questões começaram a pipocar na minha cabeça. Como seria envelhecer em uma cadeira de rodas?

Meus filhos estavam crescendo, eu já tinha conquistado muitos sonhos, porém, naquele momento, minha família começou demandar mais de mim, precisando da minha ajuda, me senti sobrecarregada porque somatizei todas essas demandas. A primeira vez que notei um sintoma dessa exaustão emocional foi no enterro da mãe do Jaques: comecei a sentir uma palpitação persistente. Afinal, eu tinha acompanhado o doloroso processo de tratamento da minha sogra que veio a falecer muito rápido de câncer. Toda vez que eu ia ao hospital, sentia que estava assistindo à despedida dela: o corpo cheio de sondas para poder se alimentar, ela já sem vontade de viver; e vê-la sozinha, naquela situação, mexeu muito com o meu emocional. Senti medo do que poderia acontecer comigo, e esse era um temor incontrolável.

Após o enterro, Jaques me levou para o pronto-socorro e me deram um calmante forte que me apagou. Convivi muito com minha sogra, ela participou de toda a minha história, perdê-la assim, em pouco tempo, foi um baque que me fez refletir sobre a finitude da vida e sobre a minha velhice. Passei a imaginar que qualquer coisa podia acontecer comigo de novo, e entrei progressivamente em um ciclo de alguns sintomas que tive quando virei uma pessoa com deficiência. O burnout, para além de um acúmulo de responsabilidades que fui assumindo, era um conjunto de sentimentos atropelados que não tinham sido levados à terapia no passado. Sou essa pessoa de não conseguir parar, de insistir em continuar seguindo e de persistir no olhar para frente, porém, daquela vez, a minha saúde mental estava me freando.

    Quando olhei ao meu redor, a sensação que tinha é de que todos estavam se segurando em mim, mas precisei me colocar em primeiro lugar e aprender a dar um limite. Mais uma vez, tive que recorrer às minhas próprias ferramentas internas para sair desse burnout e demorei para conseguir me livrar dele. Eu chorava diariamente, ia quase todo dia para o pronto-socorro com sensação de infarto, minha pressão subia e eu sentia taquicardia. Por diversas vezes, achei que estivesse morrendo, e inclusive passei a sentir que alguns lugares do meu corpo que antes com sensibilidade estavam ficando dormentes. Minha mãe e meu marido não aguentavam mais me levar para o hospital porque nenhum médico identificava problema de saúde nenhum, meus filhos eram pequenos e choravam muito ao me ver daquele jeito. Lembro que estava no meio de um projeto importantíssimo, em Nova York, para palestrar na ONU, e todos os dias ia à farmácia por conta da pressão alta. Nenhum medicamento parecia funcionar, nem as tarjas pretas prescritas me acalmavam. Até que um dos meus neurologistas me indicou a prática do mindfulness, uma técnica voltada a contemplar com plena atenção o presente, sem julgamentos nem distrações.

Dizem que quando você tem burnout, ninguém além de você consegue eliminá-lo. Esse período foi muito significativo para me estruturar emocionalmente como estou hoje; ali, aprendi qual é o meu limite e também a traçá-lo para outras pessoas com um "não", mesmo para familiares. No começo, podemos nos sentir muito desconfortáveis em impor limites, no entanto, ao praticar diariamente de maneira consciente e com diálogo, transformamos as relações de ambas as partes para melhor.

Quando perdi os movimentos das pernas, a minha reação positiva surpreendeu todo mundo. Minha força e empenho automaticamente viraram meu cartão de visita, e fui, inconscientemente, internalizando isso como missão, me colocando uma sobrecarga de funções para ter de sempre me provar: "Já que a sociedade me vê como uma mulher limitada por não andar, preciso provar que sou mais que isso, dando sempre o meu melhor para me superar." Liderança, proatividade e organização sempre foram características da minha personalidade, mesmo antes da cadeira de rodas. Contudo, como pessoa com deficiência, acabei por potencializar essas qualidades porque precisei criar métodos para conseguir realizar todos os meus afazeres diários. Todo esse conjunto de sensações me levaram ao burnout.

Esse esgotamento também se desencadeou pelo receio de envelhecer que nós temos em algum momento, e que se intensifica ainda mais depois de uma certa idade. O agravante foi que passei a imaginar como seria a minha vida mais idosa com a deficiência. Elaborei os seguintes questionamentos: como vai ser quando os meus filhos saírem de casa? E quando o Jaques, também mais velho, não conseguir me ajudar fisicamente? Como vamos continuar fazendo nossas viagens incríveis? Eu vou conseguir ajudar minha família? E quando minha mãe não estiver mais aqui? Acumulei todos esses sentimentos dentro de mim, e quando o furacão emocional veio à tona, as pessoas também tiveram dificuldade de entender que os sintomas eram reais. No hospital, por exemplo, a equipe médica já tinha esgotado todas as possibilidades de doenças físicas. Só me restava cuidar do meu psicológico.

A sobrecarga de funções das mulheres na sociedade é um tema que ainda precisa ser muito explorado visto que está completamente relacionado com a saúde mental da família inteira. Por ser uma questão estrutural, ela pode passar despercebida até que nos adoeça. Sou mulher, empreendedora social, palestrante, comunicadora, mãe de dois filhos, esposa, filha e amiga. Sempre absorvi muitos papéis e responsabilidades. Talvez, se tivesse sido um pouco mais flexível comigo mesma, não teria tantos deveres como hoje em dia.

Para além do acúmulo de tarefas (como se já não fosse o suficiente!) é cobrado igualmente da mulher a maneira como ela vai realizar tudo isso. Espera-se que nós, mulheres, sempre estejamos com a aparência impecável, bem-dispostas de humor, que geremos renda para a família, que tenhamos habilidades para cuidar da casa e por aí vai. Na minha casa, se eu estou ocupada e não checo se a comida acabou, ninguém vai se preocupar com isso, nem sequer vão pensar em tirar a comida do congelador para o jantar. Meus filhos acordam às sete da manhã, eu acordo às seis, justamente porque tenho um planejamento mental de organização para conseguir realizar tudo do meu dia: dobro a roupa que secou no varal, tiro a louça da máquina, preparo as refeições, me maquio, me arrumo para participar de reuniões, entre outras milhares de coisas que faço. Quebrar esses paradigmas viciosos da sociedade baseada em uma cultura patriarcal faz parte da mulher moderna, principalmente dentro da nossa família. Segundo uma pesquisa divulgada pelo *El País*,[8] 63% das mães afirmam que todos os dias têm em mente uma lista infinita de afazeres, frente a 25% de pais que experimentam essa sensação, e só 24% das mulheres são capazes de se despreocupar da tarefa delegada, enquanto 72% admitem criticar e fiscalizar a forma como as outras pessoas fazem as coisas. Compreendo que nem todas as

---

8 ABUNDANCIA, R. Carga mental: a tarefa invisível das mulheres de que ninguém fala. *El País*, 7 mar. 2019. Disponível em: https://brasil.elpais.com/brasil/2019/03/01/politica/1551460732_315309.html. Acesso em: 17 out. 2024.

mulheres têm facilidade em delegar, principalmente aquelas que, assim como eu, tem habilidades de liderança. Mas é urgente que tomemos consciência das nossas limitações e compartilhemos tarefas dentro de casa, só assim vamos romper com esse padrão.

A maternidade tem muitas dessas funções invisíveis. Uma das coisas que perguntei para equipe médica só depois de um bom tempo como pessoa com deficiência era se eu poderia engravidar. Confesso que não tive coragem de perguntar durante minha internação, pois tinha medo da resposta. Sempre desejei ser mãe, desde pequena quando brincava de boneca como se fossem filhas. Um desejo enraizado pela sociedade? Talvez. É tão estrutural que fica difícil ainda separar nossas vontades próprias das impostas. Fato é que eu não tinha ideia se a minha deficiência havia impossibilitado a chance de eu poder gerar uma criança.

Quando Jaques e eu fizemos cinco anos de casados, decidimos que queríamos ser pais, fui a ginecologistas e obstetras para investigar as minhas possibilidades e quais seriam os riscos para mim e para o bebê. Fui surpreendia com a maioria de médicos e médicas me dizendo que eu não podia. Hoje, fico pensando se falaram isso pela minha questão física mesmo ou se porque eles julgaram que eu não daria conta de criar uma criança, talvez até as duas opiniões juntas. As poucas pessoas que me falaram algo

Onde minhas pernas não chegam, o Jaques me leva.

@dea_schwarz

positivo respondiam com um talvez. Até que, um dia, o Jaques me olhou e disse: "Se a gente tem medo, vamos com medo mesmo!". E logo, nas primeiras tentativas, engravidei do Guilherme.

Lembro-me de estar dando uma palestra em Goiânia para um grupo supermercadista importante do país quando me dei conta de que a minha menstruação, sempre muito regulada, estava atrasada. Pedi para minha mãe comprar uns testes na farmácia para fazê-los assim que eu chegasse em São Paulo. Minha mãe, por empolgação, comprou uns dez e eu, ansiosa, fui fazendo um atrás do outro. Todos deram positivo, e aí tive a certeza de que estávamos grávidos.

Quando contei para minha ginecologista, ela ficou surpresa de felicidade e ao mesmo tempo desesperada. Eu era a sua primeira paciente paraplégica grávida. Ela, com sua equipe, me conduziu por alguns desafios. Primeiro, o parto não poderia ser normal por conta da minha prensa abdominal diferente; deveria ser uma cesárea. Segundo, eu não podia tomar a anestesia raquidiana, popularmente conhecida como raqui, pois a minha lesão medular é parcial e isso me faria correr riscos. A opção ideal seria anestesia geral ou local até certo ponto do parto, e depois continuariam sem medicação de maneira muito rápida, senão podia prejudicar o bebê. E assim foi o parto, na garra, com a alegre dor de colocar Guilherme no mundo! Jaques ficou emocionado e impressionado com os cortes do bisturi na minha barriga, enquanto isso, o auxiliar do anestesista desmaiou sem entender como eu estava dando conta da dor, ali consciente, com a médica enfiando a mão na minha barriga e tirando nosso filho de dentro de mim. Na minha cabeça, antes deste momento, eu já havia feito a escolha de ver meu filho nascer! Em seguida, aplicaram anestesia geral para dar os pontos, mas não importava: eu já tinha sido beneficiada pelo encantamento de conhecê-lo.

Dois anos depois, engravidei do Leonardo, no entanto, fui para hospital chorando de desespero. Diferente da minha ingênua alegria no nascimento do Guilherme para uma cesárea, quase feita a sangue frio, agora eu já conhecia a dor e sabia o que esperar. Agarrada na mão da minha mãe, fui para o parto, repetindo: "Meus Deus, ele entrou tão fácil como agora vai sair!" E me cobrava, pensando que se não fizesse para o Leo o que fiz para o Gui, eles já iriam nascer em terapia, discutindo que a mãe deles se importava mais com um do que com o outro. Hoje, vejo como fui me testando e me colocando psicologicamente em uma posição heroica, impossível de sustentar, sem perceber meus limites.

Para a minha surpresa em relação à criação deles no dia a dia, fiquei impressionada como se adaptaram facilmente, e isso pode ser uma lição para nós: a disposição constante de uma criança para aprender com o mundo e as pessoas à sua volta.

O Jaques sempre me ajudou com os dois, e fui aprendendo e me virando, como tudo na vida que se faz pela primeira vez. Tenho a sorte de ter uma família que me respeita, me acolhe e me admira. Uma vez, fizemos um comercial conjuntamente em uma campanha publicitária sobre a perspectiva deles em relação à deficiência. Perguntaram a eles, como filhos de uma mãe com deficiência, o que achavam da minha condição, questionamento que eu mesma nunca tinha tido coragem de fazer. O Leo respondeu: "Minha mãe não anda, ela voa!", e o título deste livro teve inspiração nesse momento. Fiquei admirada com a resposta dele, que foi baseada em tudo que eu sou capaz de fazer. Eles poderiam, por exemplo, ter respondido que o Jaques me ajuda porque não ando, mas o foco deles estava no que sou: a somatória de realizações que, como mãe e mulher, adquiri para além de uma cadeira de rodas. E essa sempre foi a minha motivação! Fui a única mãe com deficiência da escola em que eles estudaram, Gui agora já está na faculdade, e nunca perguntei se eles tinham vergonha disso. Ser diferente pode gerar esse sentimento. Quando eu os perdia no clube, por exemplo, me traziam os dois porque sabiam quem sou, afinal, acabo sendo única em muitos espaços que frequento, e isso influencia a vida deles também.

A maternidade trouxe para mim infinitas possibilidades de trabalhar as minhas dores para transformá-las em potências. Aprendo até que ponto consigo evoluir como mãe, e até que ponto eles são capazes de vir comigo. Algumas vezes, me vejo imitando os erros estruturais da minha mãe e avó por exemplo: uma hora chamo atenção porque tenho que lavar a louça que não lavaram, e cinco minutos depois já estou lá paparicando e cozinhando o que eles gostam. Para mim, a maternidade nunca foi uma dor, mas a materialização das responsabilidades de tudo que eu, hoje, tenho diante da minha família.

Sou perfeccionista e gosto de entregar o melhor de mim, no entanto, se não cumpro os afazeres, sou cobrada pelas outras pessoas e por mim mesma. É desafiador delimitar padrões de comportamento após as pessoas se habituarem a conviver com você de outra maneira, e essa é uma lição valiosa que serve para qualquer pessoa. Ser mãe me trouxe a possiblidade de ter aliados para minha causa, mesmo eles não tendo deficiência, vejo o poder das lentes cheias de empatia que eles enxergam o mundo. Meus filhos entenderam desde pequeninos que jogo bom é aquele que todas as pessoas podem jogar da mesma forma. Independentemente do ofício que eles escolham para vida, tenho certeza de que vão carregar a inclusão como missão, assim como a mãe.

Gosto igualmente de sempre desafiar todo mundo a ampliar o próprio conceito de autonomia. Note que várias pessoas que andam e têm todas as condições de locomoção e acesso não agem como autônomas. Eu me considero super independente, mas dependo de outras pessoas em demandas que não dependem do meu empenho. Aqui em casa, o Jaques assume o papel de cuidador, me põe na cama e me tira do banho, o que não significa que eu não cuide dele. Portanto, ter autonomia não é se colocar em mil papéis e ser bem-sucedida cem por cento em tudo. Não preciso provar para mim mesma que sou uma mulher independente, porque, afinal, quem é cem por cento autônomo? Todo mundo precisa de ajuda em algum momento. Assim, aos poucos, fui me libertando de certas questões que me incomodavam.

Ainda assim, à parte das questões individuais e internas que devem ser desenvolvidas, a acessibilidade está no ponto central da autonomia, e precisamos falar dela. Embora ainda seja muito destemida como mulher, faço as minhas viagens para Nova York, cidade que eu amo, justamente para estar em um lugar onde me sinto livre de julgamentos: posso estar de pijama na rua que ninguém repara, enquanto no Brasil não sinto o mesmo. Nosso país, de um modo geral, não é voltado a pensar em inclusão e a construir ambientes e lugares que prevejam a acessibilidade, o que impacta diretamente a autonomia de pessoas com deficiência. Segundo uma pesquisa realizada pelo IBGE, o número a população com deficiência no Brasil é de cerca de 18,6 milhões de pessoa.⁹ Na mesma pesquisa, fica nítido que o acesso à educação, ao trabalho e à renda ainda é muito precário para pessoas com deficiência — de quatro, apenas uma concluirá o ensino básico obrigatório, por exemplo.

Vivemos em um país onde não temos garantido o direito básico de ir ao banheiro em estabelecimento. Então, o meio em que vivemos, esse, sim, é deficiente. Não sou eu que tenho que mudar, é a maneira como a sociedade se organiza. É preciso promover estruturas onde todos os tipos de corpos sejam aceitos com conforto, inclusive os com algum tipo de deficiência como o meu. Muitas vezes, percebo que eu não existo para a sociedade. Às vezes, as pessoas literalmente passam reto por mim. Mesmo tendo seguidores e sendo conhecida, continuo passando por situações assim como qualquer pessoa com deficiência. De fora, parece que eu tenho o palco, mas não tenho. E o que muda esse cenário é a conscientização de que não se pode invisibilizar existências diferentes da sua. Isso faz a inclusão.

Infelizmente, já passei por situações desafiadoras em relação a isso, mesmo com amigos e amigas, família, eventos

---

9 PESSOAS com deficiência têm menor acesso à educação, ao trabalho e à renda. *Agência IBGE Notícias*, 7 jul. 2023 Disponível em: https://agenciadenoticias.ibge.gov.br/agencia-noticias/2012-agencia-de-noticias/noticias/37317-pessoas-com-deficiencia-tem-menor-acesso-a-educacao-ao-trabalho-e-a-rend. Acesso em: 17 out. 2024.

corporativos que em teoria já deveriam considerar a acessibilidade. As pessoas, sem perceber, tiram o poder de escolha de quem vive com uma deficiência, sem entender como é angustiante para nós ir a lugares que não nos oferecem segurança, conforto e autonomia. Precisamos, como sociedade, devolver a liberdade de escolha para a pessoa com deficiência, como a de ir a algum lugar ou não, um direito humano básico.

Nos primeiros meses, muitos amigos e amigas vinham me visitar e fazer companhia, mas, aos poucos, ao notarem quão definitiva era minha condição, foram se distanciando cada vez mais. Quando percebi, já estava fora do círculo de amizade e das saídas — ninguém estava disponível. Mesmo quando eu e Jaques procurávamos, ligando e convidando para um jantar, por exemplo, sempre escutávamos uma desculpa qualquer como resposta.

Muitas amizades importantes para mim se perderam nesse processo. Hoje, não guardo rancor, e após muita reflexão e uma dose extra de maturidade, percebo que não podia cobrar do meu círculo de amizade, no auge da vida e juventude, que parassem as noitadas e programações festivas para fazerem algo que me incluísse. Essa atitude tinha que partir diretamente dessas pessoas, por amor e consideração a mim. A falta de acessibilidade e empatia faz com que muitos "amigos e amigas" deixem pessoas com deficiência para trás.

Em quase três décadas como cadeirante, ainda fico de fora de festas, eventos, viagens e *jobs*. Você sabia que, segundo a Lei Brasileira de Inclusão da Pessoa com Deficiência, em um restaurante com vinte mesas, pelo menos uma delas deve ser acessível a pessoas cadeirantes? Isso sem contar a disponibilidade de entrada e banheiro acessível. Se o número for maior que o de vinte mesas, 5% delas devem ser acessíveis.[10] Muitos restaurantes preferem ter menos lugares disponíveis do que serem inclusivos. De fato, somos invisíveis. É mais fácil para sociedade deixar como está.

Atualmente, a acessibilidade é condição *sine qua non* para que eu saia de casa. Com tantos lugares para frequentar, por que eu iria a um inacessível, expondo meu marido, que teria que me carregar, correndo o risco de cair e ficar em uma cama por conta da osteoporose avançada que já tenho? Não vou negar que muitas vezes, por não poder ir a algum lugar em função da falta de acessibilidade e atitudes inclusivas, choro e sinto dor sempre que essa situação se desafia para mim. Aviso que já borrei muitas maquiagens por isso. Fico me perguntando nessa fase da minha vida quantas vezes mais preciso passar por essas situações.

Durante uma viagem para Miami em 2024, passei por uma

---

10 ASSOCIAÇÃO BRASILEIRA DE NORMAS TÉCNICAS. *NBR 9050: acessibilidade a edificações, mobiliário, espaços e equipamentos urbanos*. Rio de Janeiro, p. 162. 2015.

situação horrível: depois de quase oito horas de espera, ao aterrissar nos Estados Unidos, fui informada de que minha cadeira de rodas não estava na porta da cabine porque foi colocada junto com as minhas malas. Eu já estava apertada por não ter usado o banheiro durante toda a viagem, e junto com o estresse da situação, em que me vi sem poder de locomoção, acabei urinando nas calças. Você consegue imaginar quanto é vexatório passar por uma situação assim? Ter o seu direito de mobilidade negado, se ver refém de ser carregado por outras pessoas por que as companhias áreas não se importam o suficiente com a sua existência como pessoa consumidora para fazer um procedimento inclusivo? E se fosse com você?

Jaques, sempre muito parceiro, coloca meu astral lá para cima e me leva para um lugar especial toda vez que isso acontece (e pasmem é muito frequente). Vivemos em união lado a lado no dia a dia. Não à toa, fomos empreender, fazendo nosso horário e compartilhando cada vez mais o tempo, lutando pelo mundo em que acreditamos. Onde minhas pernas não chegam, o Jaques me leva. E nosso amor permitiu que eu voasse e consolidasse minha missão.

No início, o fato de ele estar sempre disposto a ir comigo fazia com que eu não tivesse que me preocupar com a falta de acessibilidade dos lugares. Com o tempo, passamos a não aceitar lugares sem acessibilidade, por uma questão de posicionamento e de amadurecimento. Fui renunciando a amizades porque muitas pessoas não têm a noção do impacto dessas microagressões, e se eu não tivesse a bagagem que tenho para dar conta disso psicologicamente, ficaria arrasada com frequência. Todo dia tenho que lidar com preconceito: é mais fácil excluir que solucionar. Todo santo dia, a sociedade pensa que eu tenho que me adaptar para lidar com situações ou fazer parte de um grupo. O valor da inclusão ainda não foi compreendido totalmente: é a sociedade que deve se adequar para receber todas as pessoas.

Por isso, sempre ressalto a importância de percebermos se nossas atitudes podem empatar ou prejudicar a vida de outras pessoas, e o quanto é fundamental sairmos de nossos espaços individuais de conforto para agirmos coletivamente. Durante muito tempo, não me posicionei. Demorou para que o Jaques e eu entendêssemos que a culpa não era da minha deficiência. Pensávamos que, ao dizer não, iríamos nos afastar de amizades, de trabalhos, de toda nossa vida social. Considerando que vinte e poucos anos atrás era muito mais comum convivermos com pessoas com deficiência sendo carregadas escada acima e abaixo, nosso comportamento fazia sentido com o que se vivia na época, mas pense no impacto da seguinte cena: eu sendo carregada, correndo risco; meu marido me carregando, sendo exposto e tendo que me expor ao perigo de cair; os responsáveis pelo local sem acessibilidade sem fazer nada e lucrando com a situação.

Andrea Schwarz

De lá para cá, aprendemos muito em conjunto. Ao me deparar com situações assim hoje, imediatamente penso comigo mesma: nessa novela não caio mais. Um roteiro que só reforça que uma pessoa com deficiência não tem autonomia já não me interessa!

Na atualidade, muitas pessoas estão mais atentas para a importância da necessidade da acessibilidade. Ainda falta bastante a se conquistar, mas a conscientização está mais evidente. Com frequência, o preconceito cruza o meu caminho, me provocando a alertar as pessoas — a oportunidade de impactar alguém sendo uma referência positiva me faz sentir que posso retribuir um pouco do tanto que recebi.

Eu escolhi ser independente e, sem dúvida, isso tem um preço. Mas, para uma pessoa com deficiência, conquistar a autonomia através da acessibilidade é imensurável.

Ainda que eu reconheça que situações de preconceito e falta de acessibilidade sejam difíceis — e até traumáticas em certa medida —, tento reconhecer os recursos que tenho e não os que faltam. Afinal, seria justo deixar que a dor definisse a minha vida? Que os obstáculos me paralisassem? Diante da injustiça, busco respeitar meus limites e sigo enfrentando a adversidade na cadeira de rodas, de queixo erguido e sempre em frente. Aos que acharam que o preconceito faria a Andrea parar, saibam que ele só serve de impulso para ela se mova cada vez mais!

Todo dia tenho
que lidar com
preconceito:
é mais fácil excluir
que solucionar.

@dea_schwarz

ALÉM DAS BARREIRAS

*"Eu não sou
o que me aconteceu,
eu sou o que
escolhi me tornar".*

3

A maioria de nós tem o costume de olhar para as dificuldades e contar a própria trajetória a partir dessas dores, enfatizando o sofrimento e enaltecendo essa parte da nossa história em vez de dar destaque às próprias potências. Eu me considero uma pessoa com uma atitude diferenciada nesse sentido: sempre busquei olhar os obstáculos por outro ângulo. Muitos comentam com frequência a rapidez com que segui em frente, e hoje, com a maturidade, olho para trás lembrando de cada detalhe que me aconteceu e percebo que fui alguém que, desde o início, priorizou reagir ao que ia acontecendo através de uma perspectiva positiva.

Primeiramente, é importante ressaltar que nunca culpei algo ou alguém por essa adversidade. Normalmente, tendemos a lidar com nossas questões procurando responsabilizar uma terceira parte. Entretanto, algumas situações que ocorrem em nossa vida nem sempre têm explicação em um primeiro momento, e a tentativa de compreender uma fatalidade apontando culpa para alguém não soluciona o fato em si, apenas nos afasta mais e mais de descobrir soluções reais e eficazes para superar o que aconteceu.

Tanto no primeiro mês internada no hospital, ainda sem um diagnóstico preciso, quanto logo depois, na minha volta para casa, observo que desenvolvi inteligência emocional ao sentir uma percepção muito nítida de que só podia contar comigo mesma para enfrentar tudo aquilo. Por mais que houvesse pessoas do meu lado, como minha família e o Jaques, me acompanhando neste primeiro percurso, quem realmente teria de desbravar o caminho nessa estrada desconhecida era eu. Minha situação era como uma corrida olímpica com obstáculos, na qual alguém te treina, conduz e estimula; a equipe técnica cuida da saúde, do psicológico e dos machucados se você vier a cair; família, círculo de amizade e arquibancada torcem por você. Mas quando dá a largada, a pessoa tem que correr sozinha, e só pode contar com o próprio corpo e a própria mente. Quantas vezes ouvimos atletas dizerem que o maior desafio em uma competição está dentro de si? Foi exatamente isto que senti: para vencer, deveria dominar meus medos e o imprevisível, ultrapassando as barreiras que o destino estava me apresentando naquele momento.

Reconheço esse meu comportamento otimista desde que me entendo por gente. O ambiente e as condições em que somos criados interferem em como nos desenvolvemos como indivíduo, porém, se esse fosse o único fator, não teríamos irmãos que reagem aos desafios da vida de maneira completamente opostas em uma mesma família. Admito que crer em algo me ajudou a perseverar e penso que, se formos olhar para o mundo pelo viés do ceticismo, se torna ainda mais complexo viver. Não acredito que viemos ao mundo simplesmente para nascer, nos reproduzir e morrer — e aqui quero elucidar que não estou falando propriamente de uma ou outra religião, estou falando de ter fé em si, no amor, no mistério da vida, ou, inclusive, confiar na crença dos próprios propósitos. Nosso repertório de bagagens e as nossas vivências também nos ajudam a entender como trilhar os caminhos de modo mais sábio. Se nos dispusermos a aprender com o passado, entendemos que tudo que nos acontece é por uma razão. Meu encontro com o rabino, que contei no primeiro capítulo, também me instigou a concretizar essa ideia com mais firmeza.

Confesso que sempre alimentei meu amor-próprio. Ainda que estivesse inchada, debilitada e vulnerável, me preocupava em me cuidar, me vestir e maquiar de maneira que me sentisse bem e bonita, para além da aparência. Esse autoamor fazia com que eu não me agredisse e procurasse sempre respeitar as minhas vontades e o meu tempo. Mesmo quando estava internada, nunca deixei de ser vaidosa e de realizar pequenos atos significativos de autocuidado que elevavam minha autoestima.

O amor pela vida e a motivação de viver, que sempre fizeram parte da minha essência, foram pontos determinantes para que eu conseguisse retroalimentar esses sentimentos positivos dia após dia. Quando passamos por momentos em que nossa saúde é abalada, isso automaticamente nos leva a refletir sobre a fragilidade da vida. Num dia, eu estava andando, e, no outro, não estava mais, com um prognóstico inconclusivo. Naquela hora, pensei em todas as possibilidades possíveis, e a única certeza que existia dentro de mim era o desejo absurdo de viver, que se potencializou!

Mantive a convicção de que a cadeira de rodas não seria um ponto final da minha história, e sim uma vírgula, uma parte do todo. Eu dou valor à vida. Tenho sede de viver, sempre tive. Vivo intensamente, e a cadeira me lembra, todos os dias, que tudo pode mudar muito rápido. Necessito estar em movimento. Sair da rotina me anima! Cuidar da casa, das crianças e trabalhar é o meu cotidiano, mas eu sempre quero mais da vida! Viajar, por exemplo, me faz sentir ainda mais viva, amo conhecer pessoas novas e culturas diferentes. As pessoas associam muito a cadeira de rodas com falta de movimentação, porém, desde o começo, reafirmei para mim mesma que ela nunca me impediria de fazer o que gosto: me aventurar pelo mundo.

Depois que encarei
o improvável,
o imprevisível me
instiga ainda mais.

@dea_schwarz

Andrea Schwarz

O papel da cadeira de rodas na minha vida foi o de me tirar da zona de conforto. Como, a partir daquele instante, eu construiria a vida com que sonhava em cima daquelas quatro rodas? Hoje, eu escolho as minhas viagens já arquitetando como vou chegar até determinado local; não só driblo o conformismo, como também me desafio.

A primeira vez que comprei um carro adaptado comemorei como uma vitória. Em uma sociedade que pouco preza pela inclusão em muitos aspectos, foi muito simbólico ter esse direito reconhecido. É comum nos primeiros meses ou anos de adaptação como pessoa com deficiência se sentir pessimista, mas quero dizer para você que isso não é necessário. Eu podia ter ficado triste, pensando que nunca mais voltaria a dirigir e a andar com minhas próprias pernas? Podia. Mas decidi me reinventar, reaprender e, então, comemorar a potência que era dirigir meu próprio carro, de uma nova forma, e ir para onde eu quisesse.

A deficiência me presenteou com a capacidade de me reinventar, me mostrou que vale muito a pena viver, muito mais do que eu já pensava. Passei a me observar mais, fui mapeando as minhas dores, aceitando meu destino e entendendo quais caminhos eram possíveis. Acima de tudo, escolhi vislumbrar o que aquilo podia me trazer de benéfico.

Ainda assim, aqui faço uma ressalva importante: ao mesmo tempo que devemos tentar enxergar a nossa trajetória pelos pontos positivos, validando nossa evolução ao longo dos desafios, não podemos negligenciar nossas dores e nossas emoções. Considero importante me comprometer diariamente em fazer o exercício de entender se estou vulnerável em determinada situação, analisando o como e o porquê de estar fragilizada. Quando enxergamos a vulnerabilidade, um sentimento com o potencial de nos tirar do nosso estado de conforto e nos manter motivados, perdemos o receio de nos sentirmos frágeis. Eu, particularmente, não tenho medo de viver: o único medo que tenho é de não aproveitar as oportunidades que a vida me proporciona.

Quando estou vulnerável, o primeiro movimento que faço é o de me acolher. Essa foi outra habilidade que a deficiência me permitiu desenvolver. Eu reflito sobre a minha dor naquele momento, no entanto, em vez de alimentá-la, crio estratégias para sair desse estado. Tomo para mim o poder de decisão e trago essa compreensão para o agora. O sentimento pode estar intenso no presente, mas, racionalmente, sei que amanhã será outro dia e que a sensação vai passar.

Uma das minhas principais estratégias para lidar com esse estado é, primeiro, processar o que estou sentindo: não vou negar nem amenizar minha própria vulnerabilidade. Depois desse tempo, me reconecto à minha rede de apoio. Se você é uma pessoa com deficiência, ter contato com outras pessoas que vivem realidades parecidas com a sua é essencial; é isso que fortalecerá sua resiliência. Hoje, sei que não preciso ser uma super-heroína e muito menos alguém digna de pena. Por isso, quando me sinto vulnerável, me permito sentir isso, depois já me programo para iniciar o dia seguinte com ações que me farão me sentir melhor.

Por essa razão, me habituei a não usar a palavra "problema" para falar de uma adversidade: chamo de desafio, porque assim, já no próprio conceito da palavra, estão abertas as possiblidades de estratégias que posso seguir para dar um primeiro passo para fora dessa questão. Não importa se você ainda desconhece a solução; o mais importante é confiar que, ao fazer o primeiro movimento, as repostas certas vão surgir. O segredo está em confiar que a vida nos trará as soluções certeiras no momento preciso para o nosso aprendizado.

Vivenciar uma situação grave como a que eu passei nos incentiva a redimensionar o conceito de superação. O que seria a superação no meu caso? Somente voltar a andar? A minha superação é diária e está além do caminhar. Isso não me impediu de voar, pelo contrário: eu criei asas para o mundo depois de estar na cadeira de rodas. É por isso que sinto que desenvolvi uma lupa diferente para encarar os obstáculos. Quando colocamos tudo sob outra perspectiva, enxergamos também novas respostas. Fazer esse exercício de mudar a ótica, assistindo àquela adversidade de fora, como se fôssemos observadores de nós mesmos, aos poucos, nos enche de determinação. É aí que começamos a nos sentir no comando do nosso próprio jogo. Afirme comigo: "Não existe desafio sem solução!"

Quando um desafio se revela, nossa visão emocional sobre ele turva a solução, entretanto, devemos confiar que ela existe e vai aparecer no momento certo. Desenvolver uma mente proativa ajuda muito a colocar seus planos em ação, mesmo que eles ainda não sejam a reposta correta. A tentativa e a intenção de emergir do trauma com certeza nos aproxima da saída, muito mais que insistir em pensar no mesmo fato repetidas vezes. A nossa convicção de que a resposta vai se revelar é crucial para que tenhamos a nitidez de enxergar a rota certa quando ela se revelar.

Eu acredito piamente que, no fundo, cada pessoa sabe a sua verdade e o caminho que deve seguir. Reconheço que é bem desafiador olhar para dentro e se deparar com nossas feridas, principalmente quando estamos no meio de um furacão. Internalizar nos exige resiliência e capacidade de olhar o desafio de frente, investigando quais os pontos do nosso comportamento. Devemos sempre respeitar o processo de luto ou da dor de qualquer situação que nos atravessa, contudo, é fundamental entender que, em algum momento depois disso, teremos de trazer para a consciência a vontade de buscar atalhos para sair desse estado, e em seguida colocá-los em ação.

A deficiência me fez tirar forçadamente um ano sabático para poder mergulhar nesta jornada de autoconhecimento intensa. Fui obrigada a parar e enfrentar o ócio, algo tão difícil de lidar para pessoas ativas como eu. Eu ainda não tinha filhos, era sustentada pelos meus pais e tive o privilégio de ter um ano só para me conhecer — ou melhor, me reconhecer. Às vezes, passamos uma vida inteira fugindo desse processo, sem criar intimidade com quem somos realmente, usando máscaras sociais ou hipocrisia em forma de subterfúgios. Nos importamos mais com o julgamento das outras pessoas em relação a quem somos do que com o nosso próprio julgamento sobre nosso eu.

Esses comportamentos nos tornam uma somatória de vieses de efeito manada: ao passar a vida tentando pertencer, raramente focamos em realmente tomar atitudes de pertencimento.

Vivi momentos em que tentei me fazer caber em vários lugares, fingindo ser outro alguém. Ao me autoanalisar durante meu ano sabático, me dei conta de que eu não só podia, como devia ser quem eu realmente sou. Foi um momento para reequilibrar a minha vida, entender o que eu queria fazer, no que eu queria trabalhar e como conseguir isso. Foi durante esse tempo que a ativista em mim nasceu. Percebi que não existe presente melhor nesta vida do que conviver com pessoas de verdade, que nos enxergam e aceitam por quem realmente somos.

Já escutei meus filhos comentarem: "Vocês pensam que é fácil ser filho da Andrea Schwarz?" Aquilo me chamou atenção porque tenho a consciência de que pareço ser alguém inabalável, mas não sou uma super-humana, certamente tenho minhas dores internas. Meu diferencial é que desenvolvi um mecanismo interno que, hoje, por eu ter tido a oportunidade de me conhecer desde cedo, já se tornou uma habilidade. Ao escolher encarar meu trauma por esse prisma positivo, consegui ultrapassá-lo.

Resolvi escrever este livro e compartilhar minha visão de mundo porque, como comunicadora e palestrante, percebi como é comum a busca por uma fórmula pronta ou mágica. Sou uma pessoa que não costuma pedir muitas opiniões e conselhos. Não se espantem, vou explicar meu ponto de vista para vocês. Penso que não tem conselho que sirva se partirmos do pressuposto de que ninguém, além de nós, pode viver a partir da nossa perspectiva. Justamente por eu ter transformado positivamente a minha realidade, quando me conhecem, as pessoas têm a propensão de compartilhar suas dores, acreditando que eu tenho as respostas para solucionar seus problemas. Eu sempre as incentivo dizendo que a resposta está dentro delas.

A vida nunca é uma equação exata, aliás, se fosse, é bem provável que estaríamos sempre no tédio. Contudo, apesar do tédio ser considerado uma emoção negativa, é importante aprendermos a ouvir nosso corpo e nossa mente. Muitas vezes, para fazermos as pazes com o nosso bem-estar, é preciso aceitar o ócio e fazer bom proveito dele. No ano em que fiquei em reabilitação, lidei muito bem com essa pausa, e o mais importante: no meu tempo.

Escutar e seguir o nosso tempo interno é saudável e necessário. O seu tempo de fazer as coisas nunca será igual ao meu. Por mais que possamos nos acolher em conselhos e sugestões alheias, eles só resultarão se antes passarem pelo nosso filtro interno, ou seja, você pode se espelhar em alguém a quem admira, mas para usar esses aprendizados em sua vida, antes terá que adaptá-los para a sua personalidade, estilo de vida e ritmo.

O burnout foi uma experiência reveladora para mim, pois foi quando precisei aprender a seguir o meu próprio tempo. Sou, por natureza, uma pessoa com muita energia e muito ativa, faço mil coisas ao mesmo tempo, e tive que aprender a identificar os sintomas de estafa para ser capaz de evitar outra crise. Quando estou cansada, sufocada por tarefas, percebo minha energia cair e afetar o meu corpo.

Mais do que reconhecer o seu limite, é imprescindível comunicá-lo para as pessoas à sua volta, já que elas se acostumam com você sendo de um jeito e entregando mais do que pode. Verá que tão logo começamos a estabelecer limites, as pessoas mais próximas, principalmente os familiares, estranharão. Existe uma linha muito tênue entre o dizer não e ter uma compreensão equivocada, o que torna esse aprendizado muito difícil para a maioria das pessoas. Eu mesma já perdi muitas amizades até aprender como delimitar meu espaço. Pessoas que são próximas, algumas vezes, por conta da intimidade, se sentem no direito de passar do limite. Por isso é tão importante explicar os seus nãos e o porquê da sua necessidade de comunicá-los.

Prefiro me arriscar a dizer o que me incomoda a fugir do conflito. A terapia me ensinou muito sobre isso. Muitas vezes, não nos expressamos por termos medo de nos indispor com a outra pessoa, e acabamos por gerar desconforto na gente. Aprender a falar "não" dói, todavia, depois que criamos o hábito, é libertador. Não existe sensação melhor que a de nos apropriar do nosso poder de escolha.

Outra habilidade importante que desenvolvi é a de não remoer assuntos passados. Se arrancarem uma página já escrita do meu livro, vou para a próxima em branco e reescrevo. Sempre pareço de bom humor e arrumada, mas eu não sou um robô; obviamente tenho meus momentos de insegurança, dúvidas e conflitos. Muitas vezes, não tenho a solução e fico remoendo expectativas que podem não se realizar — isso é humano. Contudo, desenvolvi a consciência dos recursos que possuo e tento sempre encontrar uma maneira de usá-los para o que desejo realizar. A habilidade de não olhar só para o que é negativo, para o que é difícil ou que dói parte de um lugar de saber reconhecer o que você tem e usar isso a seu favor.

Mensurando, eu levo mais tempo para realizar atividades da vida diária que o Jaques e meus filhos por exemplo, porque tenho menos mobilidade. Mas isso não me impede de fazer, não é? Muitas vezes, vejo pessoas no meu convívio que não têm essa restrição de locomoção se colocando nesse mesmo lugar psicologicamente, encontrando desculpas para não realizar suas vontades. Compartilho aqui, neste livro, o meu dia a dia com a deficiência justamente para você perceber que nenhuma adversidade nos impede de correr atrás do sucesso, e que, por outro lado, uma mente que se acha incapaz pode nos tirar a eficiência em desempenhar até mesmo simples ações cotidianas.

O sucesso nada mais é que uma consequência da soma de atitudes eficazes. Pequenos feitos fabricam um grande sucesso. Quando termino meu dia e percebo tudo que consegui fazer — desde cuidar da casa, cuidar de mim e ainda da minha vida profissional, fazendo palestras para cinco mil pessoas ou consultorias para grandes empresas, por exemplo, sinto orgulho. Cada etapa me faz sentir que fui proativa e produtiva, e essa é uma sensação prazerosa para mim. Conto a minha história não para você se comparar, mas para convidar você a explorar o lugar onde moram seus medos, boicotes e seus prazeres que vão trazer motivação para você seguir e persistir quando um desafio bater à sua porta.

Com a terapia, entendi que o que é perfeição para mim não necessariamente é para a outra pessoa, assim, todos os conceitos que apresento aqui e que fazem parte de mim podem existir em você a partir de uma ótica diferente. Elaborar isso é libertador para nos desprender de culpas e cobranças.

Se eu gosto de um quarto bem arrumado, a definição de organização de um quarto na minha cabeça com certeza não é a mesma que na cabeça dos meus filhos jovens. Neste caso, peço que eles arrumem como querem, e se algo me incomoda, vou lá e dou meu toque. Ainda estou aprendendo a delegar para não me sobrecarregar. Não posso cobrar que o Jaques entregue a cama perfeita envelopada como eu faço e, às vezes, me pego levantando o colchão sozinha para fazer do jeito que idealizo. Ou seja, eu também estou em um processo de aprendizado constante comigo mesma, o diferencial é que sinto que a deficiência me fez dar um salto quântico quando se trata do meu aperfeiçoamento como ser humano. Atualmente, mesmo depois de tantos anos, ainda tento me manter desperta para essas mudanças que são capazes de promover tanta evolução.

Andrea Schwarz

Em minhas palestras, sempre uso a frase de Maya Angelou,[11] mulher negra, escritora americana que lutou pelos direitos civis e pela igualdade, para questionarmos o que seria um padrão de normalidade: "Se você estiver sempre tentando ser normal, nunca vai saber o quão incrível você pode ser." O que é ser normal? Quem estabeleceu esse padrão? De onde surgiu esse referencial? Todas essas questões passaram a ser parte da minha vida depois de ter me tornado uma pessoa com deficiência. Algumas escolas, por exemplo, adotam uma norma no boletim de colocar a nota pessoal do aluno e a média da classe. Eu sempre questiono o porquê desse tipo de regra que incita o aluno a instantaneamente comparar a sua performance com a do restante da turma. Qual é o padrão de normalidade imposto quando se compara a média de uma sala cheia de estudantes diferentes entre si? Qual é a base de comparação válida e justa, senão aquela que compara você com suas próprias réguas e medidas? Se nós não tivermos atenção, o convívio social nos leva enganosamente à comparação, e ao tomarmos isso como verdade, mais uma vez, sem perceber, buscamos nos encaixar em rótulos pré-definidos pela sociedade.

Imagine se comparar diariamente com uma celebridade, que benefícios isso traria? Quantas meninas, jovens

---

11 ANGELOU, M. *Rainbow in the cloud*: the wisdom and spirit of Maya Angelou. Nova York: Random House, 2014.

e mulheres já não caíram nessa armadilha de subestimar a própria beleza e o próprio corpo em vez de se apropriarem e enaltecerem o próprio brilho? Diversas modelos e celebridades já relataram publicamente ter passado por questões com sua saúde mental. Não devemos julgar o livro pela capa. Nunca sabemos o que as pessoas passam em sua intimidade; cada pessoa tem sua história particular e única. Por que, então, tomamos como referência "a grama do vizinho que é mais verde", e nos esquecemos daquele vizinho que nem grama tem?

Assim que comecei minha fisioterapia, conheci o Osmar Santos,[12] um dos ícones da narração esportiva no Brasil. Para quem não o conhece, ele era o radialista mais famoso da época, o Galvão Bueno de sua geração. A voz ágil, uma dicção impecável e sua fluência inigualável eram sua marca registrada. Mas, assim como foi comigo, a vida lhe pregou uma peça, e um grave acidente de carro deixou sequelas que afetaram consideravelmente a capacidade dele de controlar a fala. Imagine a dor de perder aquilo que te define e que te dá propósito? Apesar de tudo, Osmar mantinha o bom humor, sempre com um sorriso no rosto, cumprimentando todas as pessoas com

---

12 WILKSON, A. 20 anos após acidente que mudou sua vida, Osmar Santos fala em conta-gotas. *Uol*, 22 dez. 2014. Disponível em: https://www.uol.com.br/esporte/futebol/ultimas-noticias/2014/12/22/20-anos-apos-acidente-que-mudou-sua-vida-osmar-santos-fala-em-conta-gotas.htm Acesso em: 17 out. 2024.

alegria. Ele se reinventou, encontrando na pintura uma nova forma de expressão, e continuou participando da Globo, adaptando-se à sua nova realidade. Ele fazia as sessões ao meu lado, e a história dele, assim como tantas outras, me serviram de inspiração para vencer os obstáculos na época.

Nós sempre temos ferramentas para sair da situação na qual nos encontramos, por pior que ela possa ser. Precisamos buscar revisitar nossos sentimentos diariamente, com o objetivo de nos conhecermos; ao ponto de sermos capazes de reconhecer esses recursos e acessá-los quando a vida exigir. A situação pode não estar como gostaríamos, mas ser protagonista da própria jornada muitas vezes requer escolher sair de onde estamos com o que o que temos em mãos, mesmo que não seja o ideal.

É difícil vigiar os pensamentos negativos e intrusivos, principalmente quando estamos sentindo frustração, entretanto, toda vez que eles traspassarem você, exercite retornar suas reflexões sobre quem você é de verdade, os seus desejos e sua história.

Toda vez que algo ameaçava me abater, eu me perguntava de maneira prática: "O que posso fazer de melhor com o que eu tenho agora?" O meu melhor foi imaginar que a cadeira seria a vírgula da minha história, e não o ponto final, ainda que muitos afirmassem o contrário. Eu assumi esse protagonismo, a responsabilidade pela minha história, e decidi viver a minha vida, não a das outras pessoas, muito menos a que elas roteirizavam para mim.

Há um dito popular que afirma: só morre quem não é lembrado. Minha pretensão é deixar o meu legado, em qualquer esfera, na minha casa com a família ou na sociedade. Qual legado você acredita que pode deixar para o mundo? Mesmo tendo suas questões, quaisquer que sejam, o que você pode fazer agora com o que tem, sem continuar se comparando? Qual é a melhor versão que você pode ser na sua trajetória?

É necessário que vivamos as nossas dores, lidemos com nossas limitações e busquemos conversas com o espelho que nos direcione para o caminho da autoaceitação e do amor-próprio. Reconhecer a nossa história particular e assumir a trajetória que nos pertence é fundamental para nos sentirmos bem com quem somos.

Eu não nasci líder. Eu desenvolvi a minha liderança a partir do momento em que me propus a tomar uma caneta na mão e escrever a minha jornada. Líderes têm o poder e a coragem de assumir sua representatividade, pois têm a consciência de que o seu agir impacta e transforma estruturas. Você quer ser lembrado por aquilo que machucou e frustrou seus planos ou pelo modo que contornou a situação? Saí do que poderia ser a minha própria invisibilidade e me apropriei do meu protagonismo. Afinal, você quer viver

Andrea Schwarz

sua vida ou prefere deixar seus caminhos na mão de outras pessoas ou situações? Confie em quem você é e pegue com a própria mão a caneta que escreve a sua história. Superando suas barreiras, assim como fiz com as minhas, você abrirá suas asas para conhecer a imensidão de possibilidades que te espera! Esse é apenas o começo!

Uma coisa é fato: se não comunicarmos para o mundo o nosso limite, o mundo não vai percebê-lo sozinho.

@dea_schwarz

DE ASAS ABERTAS

"Minha história não está em cima da cadeira de rodas: sou eu quem estou em cima dela".

Minha proximidade com o judaísmo é muito simbólica. Ela se mistura com a minha história e com o amor da minha vida, o Jaques. Estudei em um colégio judaico durante meu segundo e terceiro ano do colegial (como era chamado o que hoje conhecemos por Ensino Médio), após ser reprovada em outra escola. Assim, caí na classe dele, que estudava lá desde a infância. Nada é por acaso nesta vida, e nosso encontro também foi traçado pelo destino.

Desde cedo, o judaísmo nos ensina valores de filosofia de vida que considero muito relevantes, não importa a religião de cada pessoa, pois é como creio que a sociedade deva se relacionar para um convívio mais justo e igualitário. Desenvolver esses atributos me formaram como indivíduo, me ajudaram a persistir e me fizeram reconhecer os porquês da minha luta, dentro e fora da deficiência, principalmente durante o período mais desafiador da minha vida. Agora quero compartilhá-los aqui, de maneira que você possa

Andrea Schwarz

identificá-los em sua própria história e, se fizer sentido, replicá-los em prol da sua prosperidade pessoal e profissional.

Escrita por Moisés, a Torá,[13] conhecida também como a Bíblia Hebraica, corresponde aos cinco primeiros livros da Bíblia e traz muitos ensinamentos para vários setores da nossa vida, como a família e as relações sociais, entre outros. A prática da boa ação é um valor intrínseco ao judaísmo: sempre se dispor a ajudar o próximo de alguma forma. A Torá é bastante abrangente, com ensinamentos tanto para o corpo quanto para a alma.

Os mandamentos são diversos, mas quero citar aqui os que mais fazem sentido para mim e que acredito podem ser entendidos como universais. Um dos primeiros aprendizados é a valorização da família, o que logo me remete às outras pessoas, de maneira abrangente: a importância da generosidade com o seu semelhante; a ajuda a uma pessoa (de qualquer maneira, inclusive financeira); o olhar para as pessoas com compaixão, entendimento e respeito; o estabelecimento da paz; a valorização do estudo e do conhecimento, assim como o compromisso, a crença, o equilíbrio, a ética e a resiliência. O povo judeu mantém essa última virtude em sua origem, já que muitas vezes na história tentaram exterminá-los e não conseguiram — nós sempre prosperamos. Cada

---

13 MELAMED, M. M. *Torá*: a Lei de Moisés. São Paulo: Editora Sêfer, 2001.

um desses valores permeia a minha história, e são eles que me permitiram continuar firme em toda a minha trajetória.

A experiência que tive com o rabino foi determinante para eu começar a vislumbrar o que poderia ser o meu propósito a partir daquela nova vida que o destino me presenteou. Quando consegui elaborar e digerir tudo o que ele disse, somado à sabedoria de minha mãe de me tirar daquele desespero momentâneo com a filosofia de viver um dia de cada vez, não olhar para o passado nem criar muita expectativa de um futuro ainda incerto, foi como ser despertada para o que realmente era ser uma pessoa com deficiência no Brasil. Entretanto, esse entendimento só veio quando me reconheci como parte desse grupo, convivendo com outras pessoas que tinham alguma deficiência e que, mesmo como indivíduos diferentes de mim, passavam pelo preconceito. A partir de então, me senti muito encorajada a me tornar uma ativista da causa, justamente para investigar a dinâmica por trás de como esse preconceito atua. Jurema Werneck, ativista do movimento negro e feminista, tem uma frase da qual gosto muito: "O ativismo é quando a gente põe a esperança em movimento".[14] Sou

---

14 ROSENBURG, C. Ativismo dentro das empresas é necessário, diz líder de recursos humanos da Meta. *Folha de S.Paulo*, 28 nov. 2021. Disponível em: https://www1.folha.uol.com.br/mercado/2021/11/ativismo-dentro-das-empresas-e-necessario-diz-lider-de-recursos-humanos-da-meta.shtml. Acesso em: 18 out. 2024.

Andrea Schwarz

exatamente essa pessoa esperançosa que acredita que podemos viver em um mundo onde todas as pessoas tenham o direito de serem respeitadas e felizes. Esta sou eu: uma ativista sonhadora que deseja ajudar a construir uma sociedade mais acessível e inclusiva.

Inspirada por esse sonho, iniciei minha jornada de trabalho com a inclusão, e foi a partir de uma vivência particular que passei a empreender socialmente. Em 2000, Jaques e eu escrevemos o nosso primeiro livro, *Guia São Paulo adaptada*:[15] um guia da cidade de São Paulo no qual tive a oportunidade de me aprofundar em como eram os lugares e serviços para pessoas com deficiência. A mais importante conclusão desse guia foi a constatação de que não era eu a "deficiente" e, sim, a cidade. Esse guia foi um marco na nossa história de consultoria, e causou um burburinho enorme na imprensa. Se, ainda hoje, existe falta de acessibilidade e preconceito, imagine no início dos anos 2000. Era muito disruptivo para a época a ideia de que uma pessoa com deficiência pudesse curtir uma balada, ir ao cinema, trabalhar e ser uma consumidora ativa.

Rita Lee sempre foi uma mulher transgressora, e por isso foi chamada de louca. Identifico-me até hoje com sua música, afinal, tive uma mãe que nunca se incomodou em

---

[15] SCHWARZ, A.; HABER, J. *Guia São Paulo adaptada*. São Paulo: O Nome da Rosa Editora, 2001.

"vestir rosa choque", e também passei a me posicionar à frente do meu tempo, onde as questões da deficiência eram muito institucionalizadas. Com uma postura visionária e madura, compreendi, ainda jovem, que a minha imagem como Andrea, indivíduo, devia se sobressair à minha condição como pessoa com deficiência.

Uma história divertida aconteceu na nossa primeira grande reunião de trabalho com um grupo varejista. Jaques e eu éramos bastante jovens, na casa dos vinte e poucos anos, e não tínhamos ideia de como nos portar. Chamamos um primo meu, diretor e consultor editorial, para nos dar suporte. Jaques estava tão nervoso com essa possibilidade que acordou com um tersol enorme no olho, e os únicos óculos que ele tinha eram de lentes amarelas. Para compor o *look*, resolveu ir também com uma camisa amarela. Meu primo, que tinha machucado o joelho jogando tênis, apareceu com um taco de golfe como muleta. Parece até piada, mas isso realmente aconteceu! E lá fomos nós, prontos para falar com um dos maiores grupos empreendedores de varejo do mundo. Imagine o cenário: na sala, Jaques, todo de amarelo, meu primo se apoiando no taco, e eu com a cadeira de rodas. Naquele momento, o diretor de marketing deles se deparou com uma família tão incomum que não hesitou em nos contratar, e esse foi o primeiro grande voo que alcei como empreendedora.

Da minha cirurgia até o momento da nossa contratação, foi mais ou menos um ano e meio. Tornei-me um foguete disposto a ir para além da lua. O meu propósito de ser uma ativista em luta por equidade de oportunidades para todas as pessoas começava a se concretizar. Como sempre digo: tudo o que está destinado a acontecer acontece! Nada é por acaso. Além de patrocinar, o diretor do grupo decidiu distribuir o livro em todas as lojas e nos contratou como a consultoria de inclusão na empresa. Para mim, essa foi uma vitória gigante; participamos do processo de "acessibilizar" as lojas e ganhamos uma vitrine para começar a atender outras grandes corporações. Foi um momento marcante da nossa vontade de mudar o mundo. Antes, podia até parecer um desejo ingênuo, mas entendi que era uma missão quando as peças foram se encaixando como um quebra-cabeça perfeito.

Em uma outra experiência, esse mesmo primo me levou a um almoço de executivos. Chegando lá, um homem sentado do meu lado perguntou o que eu fazia, e quando terminei de contar, inocentemente retribuí a pergunta. Todas as pessoas convidadas da mesa olharam perplexas para mim. Ele, por outro lado, respondeu com muita tranquilidade que era o presidente de uma das maiores companhias aéreas do país. E foi assim que, falando despretensiosamente sobre meu propósito, através da minha história pessoal, fui contratada para ser consultoria-especialista. Eu estava no lugar certo, na hora certa e com as pessoas certas. A vida que tanto ansiei estava fluindo a meu favor.

Sempre entreguei meu trabalho com dedicação, resiliência, conhecimento e compromisso, valores que trago comigo e que fazem toda diferença e emanam uma energia muito forte. Sinto alegria e amor refletidos em tudo que me proponho a realizar. Uma longa caminhada me trouxe até aqui, e, em 2024, além de ser uma palestrante e consultora influente, já ajudei a incluir milhares de pessoas com deficiência em mais de mil empresas pelo Brasil. Fui ocupando espaços que antes nunca foram ocupados por mulheres com deficiência, como: LinkedIn Top Voices, cem maiores influenciadoras de RH, entre as dez maiores influenciadoras de diversidade e inclusão no Prêmio Ibest, e nomeada entre as quinhentas pessoas mais influentes da América Latina em 2021, 2022, 2023 e 2024 pela Bloomberg Línea. Também entrei na lista das vinte e duas mulheres da revista Marie Claire, Hall da Fama do Marketing Brasileiro, entre outras listas. Jaques e eu tivemos conquistas que nem imaginávamos, para os quais, com certeza, nos preparamos muito para quando chegassem. Portanto, afirmo que certos eventos podem parecer negativos em um primeiro momento, mas eles também têm a capacidade de contemplar seu futuro com oportunidades melhores se você se permitir dar um passo para fora da sua zona de conforto.

Andrea Schwarz

Nós, como seres humanos, geralmente falamos muito e escutamos pouco. Se nos dispusermos a aprender a partir de narrativas das vivências de outras pessoas, podemos encontrar as respostas que há tanto procurávamos. Certa vez, um outro rabino declarou uma frase linda que me marcou bastante e que levo para minha vida. Ele disse que, por meio do ativismo, podemos ter a possibilidade de devolver o bem que recebemos, e é exatamente assim que me sinto.

A vida foi muito generosa comigo, embora possa existir pessoas que olhem para minha vida e pensem que nela não há nada de bom, já que pareço depender do meu marido, sem a total independência de me locomover sozinha. Para mim, é só uma questão de perspectiva. Aos poucos, esses pontos de vista foram deixando de me incomodar quando percebi a potência em mim frente ao que tinha me acontecido e do que somos capazes de construir juntos. Não fiquei apegada ao que eu não tinha, até porque possuo dádivas que outras pessoas não têm. A receita do seu sucesso vai encontrar você justamente quando começar a valorizar o que só você possui de especial. Eu, com certeza, sou um conjunto de experiências e vivências, e nunca deixei de acreditar que esse sucesso era possível para mim.

Em uma dessas bagagens que carrego comigo, tenho na memória algo que aconteceu e que jamais pensei que seria proposto para mim: uma campanha publicitária para

O amor é amor,
e, para ele,
não existe
preconceito.

@dea_schwarz

a marca de roupas Reserva, para o Dia dos Namorados. Estávamos de férias quando recebemos o contato deles, querendo marcar uma reunião urgente. Durante a chamada, a equipe da empresa explicou que essa campanha era a mais importante do ano para eles, que já admiravam nosso trabalho há algum tempo e queriam nos convidar para ser o novo casal publicitário daquele ano. Fiquei super empolgada com a proposta na hora, porém, em seguida, a equipe informou que nós dois teríamos de estar usando calcinha, sutiã e cueca. Nunca esqueço a cara de espanto do Jaques e de um dos meus filhos que, também estava no quarto durante a chamada, surtou pedindo para não aceitarmos porque ele viraria meme na escola. Ele ficou tão incomodado que tive de pedir vinte e quatro horas para pensar na proposta, mesmo sabendo da urgência deles. Jaques e eu fomos conversar sobre essa decisão vendo o pôr do sol na praia.

Sempre dizemos que o tamanho do nosso privilégio é o tamanho da nossa responsabilidade. Refletimos que estávamos de cara com uma superoportunidade, e que tínhamos a responsabilidade de devolver para a sociedade a nossa principal narrativa: o amor é amor, e, para ele, não existe preconceito. Aceitamos a proposta e, durante toda a divulgação da campanha, o que mais recebi de retorno eram pessoas variadas, com deficiência ou não, compartilhando que nunca se permitiram ser amadas ou sequer amar e que essa campanha era uma inspiração e motivação para elas.

O amor incondicional que Jaques e eu construímos através de anos de confiança e parceria foram embasados nos valores judaicos de família, paz no lar (chamado de Shalom Bait, ou harmonia marital), respeito ao próximo e o valor ao trabalho, parte fundamental dos pilares de ensinamentos. Este último, o meu ofício, foi o principal fator para a minha volta à ativa na minha nova vida. Se não fosse o projeto do livro *Guia São Paulo adaptada*,[16] eu passaria muito tempo focada na minha condição e na fisioterapia, ou seja, mergulhada na minha dor. O fato de eu não andar foi se tornando tão pequeno para mim, que saí da reabilitação depois de um ano para poder voar em outros ares.

Jaques e eu passamos a trabalhar em parceria por conta da concepção do guia, mas, antes disso, ele trabalhava em uma agência de publicidade e eu estava seguindo a carreira como fonoaudióloga. Nossa união pelo lado profissional deu muito certo, além de ser muito prazerosa. O sucesso fluía em tudo que fazíamos, começamos a ganhar dinheiro e a vislumbrar um futuro morando juntos, com direito a casa própria e filhos.

O casamento é um dos preceitos de grande valor no judaísmo. A partir do momento em que nós aceitamos o que

---

16 SCHWARZ, A.; HABER, J. *Guia São Paulo adaptada*. São Paulo: O Nome da Rosa Editora, 2001.

tinha me acontecido, as oportunidades surgiram de uma forma que não controlávamos: fechávamos contratos de consultoria, conseguíamos patrocínio para o livro, e passei a sair em várias mídias, inclusive no Jornal Nacional. Fui capa de revistas, sempre com uma exposição que vinha motivada por quem eu sou. Todas essas realizações possibilitaram que o nosso matrimônio pudesse se tornar uma realidade. Partimos do zero, da maior adversidade que aconteceu na minha vida, e, em conjunto, chegamos até aqui. Cada galho do nosso ninho de amor foi conquistado com trabalho e comprometimento.

Quando decidimos realizar a cerimônia, meu desejo era casar estilo Cinderela, e fui atrás de realizá-lo. Na companhia da minha mãe, fomos em busca de um costureiro, mas a maioria se recusava, porque não queria assinar o vestido em uma pessoa sentada — segundo eles, ficaria feio e estranho. Cheguei a ouvir outros absurdos como que certo tipo de vestido em mim ficaria parecido com a mesa do bolo. Até que, finalmente, o último costureiro a que fomos topou a desafiadora tarefa com muita empolgação e ainda deu um jeito de confeccionar o vestido como eu queria, gastando menos, bordando apenas a frente do vestido, já que, por conta da cadeira, os cristais nas costas não iriam aparecer.

Note que, assim como esse estilista, quando nos predispomos a algo, somos contagiados por vontade, tomados

Sempre dizemos que o tamanho do nosso privilégio é o tamanho da nossa responsabilidade.

@dea_schwarz

pela boa intenção e achamos uma solução! Eu curti meu casamento como ninguém, me acabei de dançar na pista, todas as pessoas ficaram muito emocionadas e foi uma experiência diferenciada para convidados e convidadas, já que não era comum ver uma pessoa com deficiência vivendo a vida feliz e repleta de movimento como eu estava fazendo. Eu sempre segui em frente com tudo que tinha me acontecido, e não apesar do que tinha me acontecido.

Jaques e eu buscamos primeiro trabalhar para conquistarmos nossa independência financeira e, depois, consolidar o nosso amor pelo casamento com o intuito de formarmos uma família. Tivemos que nos descobrir como casal novamente, desde como seria o sexo até a como nos adaptar à nova rotina. Foi o nosso amor que nos moveu a sermos melhores em todos os aspectos e a romper com as fronteiras do preconceito.

Assumir a minha identidade como uma pessoa com deficiência foi fator fundamental para chegar aonde estou hoje. Não é possível, a meu ver, seguirmos com nossos objetivos sem termos a resiliência de aceitar quem somos, seja uma deficiência ou quaisquer outras questões, não importa. A liberdade de ser quem se é é inestimável. Nós prosperamos através deste vínculo identitário que cultivamos entre nós: valorizar a vida é uma virtude preciosa.

Foi desenvolvendo essa percepção constante de me autoconhecer que fui entendendo onde estão as minhas forças, abraçando as minhas fraquezas, as limitações e meus privilégios. Foi preciso que eu atravessasse vários estágios comigo mesma. A vida é uma só, logo, se tornou urgente aprender a valorizar o momento presente e os pequenos prazeres do cotidiano, como: dirigir, me vestir, me cuidar. No dia a dia, costumamos viver uma vida tão mecânica que vamos sendo engolidos emocionalmente e nos esquecemos de apreciar a relevância dos pequenos atos.

O meu conceito de autonomia também foi mudando diante da deficiência, me provando que a dependência é mais mental que física. Existem barreiras instransponíveis quando se pensa em uma vida sobre rodas, entretanto, posso encarar essa situação de outro jeito, usando do poder que o corpo humano possui para adaptabilidade. Ter tido a oportunidade de aprender a executar tudo de uma outra forma, além de fazer parte da minha identidade, me trouxe a possibilidade de me reinventar a cada instante, desde o meu vestir até como me posiciono no mundo. O autoconhecimento revela nossas fraquezas, e eu, assim como você, sou cheia delas. Escolho olhar para esse meu lado com a coragem de transformá-lo. Isso enquanto valido em mim, e para mim, as qualidades que podem cultivar a minha força.

É doloroso passar por esse processo de ressignificação — quando somos jovens, perdemos um pouco o senso da finitude, com o envelhecimento parecendo tão distante de nós —, minha ficha caiu, e passei a sentir pressa e vontade de viver como nunca. Por isso mantenho acesa em mim a vontade de estar sempre pronta para fazer a vida acontecer. *Carpe Diem,* significado em latim para "aproveite o dia", virou mais que meu lema, é o meu mantra. Não deixo para amanhã o que eu posso viver hoje. Às vezes, o Jaques até me questiona se o que estamos fazendo naquele momento não é sensato, mas só vamos saber se vivermos, caso contrário, ficaremos revivendo ciclicamente a dúvida do "se".

A verdade é que nós escolhemos, dia após dia, a cada desafio, quem vai estar de carona com a gente nessa aventura linda que é a vida. Seguimos tomando algumas decisões erradas, outras, muito acertadas. Jaques e eu não somos diferentes nesse ponto, também fomos nos descobrindo juntos. O meu autoconhecimento e o dele, individualmente, costuraram a nossa relação, e me permite ser amada e amar. Eu podia ter sido invadida por pensamentos como "o Jaques não merece essa carga", afinal, ele atua, por muitas vezes, como cuidador. Entretanto, ele mesmo nunca encarou a tarefa com esse peso, e foi por conta dessa atitude dele e de tantas outras que me permite viver esse amor. Tenho admiração por quem ele é, pela mulher em que me transformei, pela nossa relação e por quem nos tornamos juntos, dois pássaros que voaram para além dessas barreiras.

Minha resiliência foi construída de forma prática. Você já parou para imaginar o tempo que leva para uma pessoa com deficiência simplesmente ir ao banheiro? Normalmente, as pessoas demoram cerca de dois minutos; eu demoro quinze! Olha que oportunidade eu tenho, várias vezes por dia, de conversar comigo mesma. Enquanto as pessoas fazem no automático, eu preciso me higienizar, passar o cateter, tem todo um procedimento que, em vez de perder a paciência enquanto faço, escolho tirar esse tempo para ficar comigo mesma.

Não sou do tipo que chora com facilidade. Hoje, já mais treinada para as adversidades, faço conexões imediatas para solucionar as questões que aparecem. Eu não desisto. A persistência é uma característica comum entre mim e o Jaques; ela permeia a nossa narrativa de comprometimento com o trabalho e com a nossa vida pessoal, e decidi compartilhar algumas das minhas intimidades neste livro para trazer uma nova perspectiva e um novo olhar para quem se sente apegado aos desafios da vida. Quero trazer referências para que você os encare como oportunidades, quando estiver desesperançoso com a sua realidade. Não adianta você fazer força e insistir em arrancar certas pedras do lugar; algumas delas simplesmente não vão sair, não importa o esforço que você faça. Como fazer para contornar essa pedra e prosseguir? Todo dia, sou constantemente lembrada do desafio que tenho que ultrapassar, e em vez de assumir isso como uma dor, carregando como um fardo, escolho pensar como é que posso transformar isso em algo positivo.

Lidar com a dor significa criar estratégias de maneira prática, com um raciocínio lógico eficiente. Por exemplo, se eu sei que é impossível voltar a usar o banheiro como antes, então preciso encontrar outra maneira de fazê-lo e, inclusive, tirar proveito disso. Se o outro jeito encontrado demora quinze minutos, vou readequar meus horários para conseguir. Fazer do limão uma limonada diz respeito a ter a consciência de saber que você que está com o limão na mão, tem o poder e a responsabilidade de escolher fazer dele um suco ou deixá-lo estragar.

Tudo vem para quem está disposto a estar em movimento a favor da vida. O importante é ter a nitidez e o discernimento de que se você faz disso um fardo, ele é só seu; as pessoas ao seu redor não têm a obrigação de carregá-lo por você, nem mesmo tomar decisões no seu lugar. Amizades e família podem me acompanhar e dar suporte, mas, no fim das contas, eu sou a protagonista da minha jornada, eu decido se vou ser feliz ou não, independentemente da condição. Colocar-se no centro da mudança é fundamental para consumá-la. Jogar a culpa em outra pessoa, ou em qualquer fator externo, não vai fazer você sair do lugar.

Quando somos jovens, naturalmente criamos muita expectativa, ainda mais quanto as outras pessoas. Com a

EU PAREI DE ANDAR E APRENDI A VOAR

maturidade, não espero que elas possam corresponder a certas atitudes, e isso porque já não transfiro mais essa responsabilidade para ninguém. Podem me surpreender? Podem, mas elas também têm o direito de não estar a fim de se comprometer. É um direito e a liberdade de cada pessoa se manifestando, devemos respeitar. Constatei que, para mim, as amizades que permanecem depois de expormos nossa fragilidade são as que mais merecem ser preservadas.

A família tem um papel fundamental na construção da nossa identidade. Assumir o próprio protagonismo e viver a própria história não é sinônimo de trilhar um caminho solitário: o companheirismo e as relações de cumplicidade são fundamentais, podem e devem fazer parte da construção de nossa prosperidade. Amar-se também é aprender a reconhecer e cultivar o amor à nossa volta.

Como diz a música dos Tribalistas, "o meu melhor amigo é o meu amor".[17] E Jaques e eu confiamos cem por cento um no outro. Nossa história é muito sólida, tudo pelo que passamos criou um vínculo de muita lealdade e união. O que vivemos não seria possível viver com mais ninguém.

Sinto que existe uma tendência a descartar relacionamentos muito rapidamente, esquecendo que valores como família e casamento são construções que levam tempo,

---
17 VELHA infância. Intérprete: Tribalistas. *In*: TRIBALISTAS. Rio de Janeiro: EMI, 2002.

disciplina e disposição. Toda relação deve ser trabalhada, não existe um encaixe perfeito. As bases do meu relacionamento com o Jaques são puro amor, companheirismo, admiração, respeito e amizade. Obviamente, depois de tantos anos de casamento, há fases em que pegamos fogo e há outras que implicamos mutuamente, como qualquer casal. Mas, para não cairmos na rotina, tentamos nos apaixonar todos os dias através da validação de pequenos gestos ou intenções. Para isso, precisamos ter olhos atentos para ver, escuta ativa e um coração disposto a reconhecer e fazer mudanças quando o relacionamento está ficando morno.

Ter adquirido uma deficiência fortaleceu nosso laço. É possível que sem ela não estivéssemos nesse casamento? É possível que nossa união não fosse tão forte? Tudo pode ser. Nem ele nem eu estávamos preparados. Não sabíamos o que ia acontecer, fomos sendo guiados naturalmente pelo nosso amor. Reconhecemos mutuamente a oportunidade que o destino deu a nós dois de evoluirmos através desse desafio, nos permitindo criar uma simbiose saudável que promoveu nosso aprimoramento como indivíduos, o que nos melhorou ainda mais como casal. Nós nos conhecemos melhor nessa trajetória, e, principalmente descobrimos o que é o verdadeiro amor incondicional. Brincamos dizendo que o mundo pode acabar e ficar só nós dois que nos sentiríamos em segurança, até nossos filhos concordam.

À medida que envelhecemos, passamos a refletir sobre quanto tempo podemos durar neste mundo. Confesso que não consigo nem imaginar perder meu marido, porque não sei onde termina a Andrea e onde começa o Jaques, e vice-versa. A nossa convivência constante transformou duas pessoas em uma. Pegamos o que cada uma tinha de melhor e unimos, transformando essas qualidades em sabedoria e aprendizado. Fizemos, e ainda fazemos, a escolha diária de sermos melhores em conjunto, o que nos conecta de maneira única há mais de trinta anos.

Apesar de ter uma escuta bem aberta para os ensinamentos que vêm de encontro a mim, a única pessoa capaz de me influenciar é o meu marido. Quando decidimos nos casar, ele tinha consciência de que assumiria um lado de cuidador. Quantas vezes falou: "Eu a carrego para ela poder voar, porque aonde ela não chega com as pernas, eu chego com ela nos meus braços." E como chegamos! Das Maldivas às palestras em locais com vários lances de escada, as pernas dele sempre foram as minhas asas. Nós nunca deixamos de viver uma história sequer por conta disso.

Sabe aquela sensação de acordar no meio da noite, tendo aquela tomada de consciência de que, ao seu lado, dorme o amor da sua vida? Eu pego essa sensação maravilhosa e trago para o momento presente toda vez que preciso, como um exercício mesmo. Quando acordo no meio da noite,

Andrea Schwarz

aproveito para admirar o sono do Jaques e agradecer pelos filhos que trouxemos ao mundo e pelo nosso amor.

A admiração mútua pelo que nós nos tornamos como pessoas veio da crença de que era possível experimentar o amor em todas as suas formas. Buscamos o caminho da solução e da construção, apesar dos desafios, e transmitimos essa filosofia com muito orgulho aos nossos filhos. Nós não vamos viver para sempre, por isso consideramos fundamental ensiná-los a pescar as melhores oportunidades para voarem em busca dos próprios sonhos.

Para isso, tão importante como assumir a caneta da própria história é saber encontrar pessoas que possam dividir o enredo e fazer parte dos capítulos deste livro. Quem você tem ao seu lado? Dizem que o amor pode mover montanhas, mas Jaques e eu temos a certeza de que ele pode muito mais. Cheguei aonde estou porque nunca me perguntei se meus sonhos eram possíveis, mas sim se eles eram suficientes. E no quesito sonhar alto, Jaques e eu somos imbatíveis!

Cheguei onde estou porque nunca me perguntei se meus sonhos eram possíveis, mas sim se eles eram suficientes.

@dea_schwarz

PREPARANDO-SE PARA VOAR

*"Busque as respostas
dentro de você."*

Passei por várias experiências para chegar até aqui. Aprendi muitas coisas sobre mim e sobre o mundo, por isso, em sua preparação para alçar voos, recomendo que tenha em mente que a história de cada pessoa é diferente. E a sua deve ser muito importante para você, afinal, não existe outra igual a ela. Antes mesmo de qualquer exigência que o mundo possa apresentar como imposição, lembre-se de que existe o autorrespeito e o autoconhecimento, que são os processos iniciais para a preparação da sua jornada. Não há como você ser o personagem principal da sua vida se não respeita suas emoções e não entra em contato com o que está sentindo.

As pessoas me perguntam muito sobre como me tornei bem-sucedida. Muitas vezes porque estão em busca de alguma receita de bolo que possam usar para si, mas não acredito que isso exista. Se existe alguma receita que posso passar é esta: para transformar a adversidade em oportunidade, busque as respostas, antes de tudo, dentro de você. Se você se deparar com um desafio que considera impossível de resolver, como uma fatalidade ou algo que esteja para além do seu domínio, ainda assim, tente procurar as soluções no seu íntimo. Garanto que você será capaz de encontrar.

Quando começamos a nos apropriar da nossa singularidade ao longo da jornada, a nossa própria história, seja ela qual for, passa a nos fortalecer, e isso é fundamental para conquistarmos alta performance, rendimento e uma carreira de sucesso. No entanto, o que percebo é que muitas vezes temos facilidade em exaltar as outras pessoas, mas temos dureza conosco. Já percebeu como pode ser complexo assumir uma qualidade em voz alta e ter orgulho disso? Temos receio de soar arrogantes, quando, na verdade, estamos apenas nos apropriando de quem somos. Por isso, o mesmo tanto de empatia que entregamos para a outra pessoa precisamos devolver para nós. É imprescindível compreender, generosamente, que a nossa trajetória é construída um passo por vez, para que evitemos tropeçar futuramente em nós mesmos. Existe todo um processo de metamorfose para a descoberta de quem realmente somos na essência que precisa ser respeitado, compreendido e sempre revisitado.

Ficar na janela admirando a grama do seu vizinho só porque ele tem um jardim melhor que o seu, sem refletir sobre o que ele se propôs a fazer para a grama estar tão linda e bem cuidada, não fará você sair do lugar. Experimente mudar o cenário e imagine: mesmo que o seu jardim tenha só metade do dele, será que, ao sair deste lugar de pessoa expectadora para o de autora do seu próprio destino, você não consegue cortar a grama e construir um jardim que terá a sua personalidade? Valorizar as nossas diferenças talvez seja mais motivador do que querer ser igual ou ter o mesmo que outra pessoa. Tudo é uma mudança de ponto de vista e de perspectiva.

Somos emocionais por essência; se nós não passamos o dia monitorando o que sentimos, a tendência é que os pensamentos ruins tomem conta da nossa mente e do coração. Nós reclamamos muito mais do que comemoramos. Reclamar é um ato vicioso: vamos sempre encontrar um argumento ou uma desculpa para fazê-lo, e esse comportamento nos conecta diretamente com o nosso vazio existencial, não nos permitindo preenchê-lo de vivências alegres.

Faça uma pausa e olhe para sua trajetória de vida até aqui. Você admira sua história? Tem orgulho de tudo que você já conquistou mesmo com toda a dor que viveu? O que pode fazer a partir de agora para viver a vida que gostaria? Essa grande virada de chave deve partir de um compromisso que fazemos conosco. Eu prometi para mim mesma que seria feliz e viveria da forma como sempre sonhei e acreditei, e respeitar as minhas dores é uma parte significativa nesse acordo. A vida é um ciclo de erros e acertos, cair

Andrea Schwarz

é necessário para aprendermos a levantar ainda melhores do que antes. O importante é nos acolhermos nas quedas, sem nos cobrar nem nos julgar, enquanto fazemos o movimento de subida até nos erguermos novamente. Afinal, voar sempre traz consigo o risco da queda.

E isso serve para qualquer tipo de desafio, seja ele pequeno ou gigante. Quando entrei na menopausa, por exemplo, passei por toda uma questão hormonal que se uniu aos sentimentos contraditórios de envelhecer. Ainda assim, me fortaleci, pois, apesar dessa sensação da juventude se esvaindo fisicamente, percebi minha mente e personalidade se inflando de atitude e sabedoria. Talvez existam pessoas que se envergonhem de dizer que estão entrando em um novo ciclo, assim como outras podem ter constrangimento de aceitar certas características que possuem. Se não trouxermos para a consciência esses sentimentos, com seus respectivos significados, acabamos por nos machucar. Aprendi a não me ferir ou, pelo menos, a fazer isso cada vez menos.

Quando você perceber o quão adaptável é, mais autoconhecimento experimentará. Lembre-se da pandemia: em um primeiro momento, nós nos desesperamos e pensamos que não conseguiríamos viver em confinamento em casa, entretanto, tivemos que nos adaptar. Mesmo com todas as emoções negativas, soubemos extrair momentos positivos perante a dificuldade. Quando vivemos experiências fortes, principalmente as que incluem privação de liberdade, medo do desconhecido e da morte, é inevitável não sermos modificados de alguma forma por elas.

A deficiência me trouxe várias habilidades adaptativas que uso a meu favor. Na pandemia, muitas pessoas ficaram muito angustiadas e descompensadas emocionalmente, pois não podiam sair ou não conseguiam ter a mesma rotina de antes, precisavam trabalhar para sustentar a família, e tudo isso somado ao medo de morrer. Toda essa confusão de sentimentos me lembrou exatamente à situação que eu tinha vivido duas décadas antes, quando perdi os movimentos das pernas.

Isso poderia ter me dado gatilho, com certeza, mas o fato de eu ter me trabalhado internamente todos esses anos possibilitou que eu fizesse do confinamento um aliado para os meus dias. Lidei com a quarentena de maneira mais fácil, afinal, eu já tinha atravessado por esses sentimentos do medo do desconhecido, pela privação da independência e pela convivência demasiada com meus familiares. Diferente do cotidiano atribulado que geralmente temos, naquele momento passamos a ter muito tempo livre para uma autoanálise, e, consequentemente, para redimensionar nossas prioridades na vida, já que as pessoas estavam sendo colocadas à prova por conta da sensação iminente de morte a cada instante.

Andrea Schwarz

Nos induziram a sair da zona de conforto, permanecendo obrigatoriamente dentro de casa e presenciando situações bastante incômodas. Mas se prestarmos atenção, veremos que diariamente enfrentamos situações que nos convidam a enfrentar esse desconforto — mais que isso, que podemos encontrar alegria no processo.

Durante a quarentena, passei a trabalhar na sala de casa e ali descobri cantinhos especiais, como um ambiente em que nunca tinha me sentado para contemplar ou ler e que mudou o meu olhar para o lugar onde moro. Muitos casais se sentiram desafiados porque perceberam que não se conheciam o suficiente; para o Jaques e eu, que já tínhamos passado por tantas questões, tentamos encarar como a possibilidade de poder desfrutar da companhia mútua sem a obrigação cotidiana habitual. Já estávamos acostumados a ficar só nós dois, e passamos a cozinhar em dupla, apreciando nosso tempo. Quantas pessoas também reencontraram o prazer de cozinhar ou mesmo aprenderam novas atividades que sempre tiveram vontade dado que sobravam algumas horas extras por dia durante esse período? O tempo é tão frenético que se alguém perguntar quanto tempo a pandemia durou, temos a sensação de que foram uns quinze anos! Lembro que tive a mesma percepção quando adquiri minha deficiência: a impressão de que eu tinha amadurecido quinze anos, mesmo tendo apenas 22 anos de idade.

A vida é um ciclo de erros e acertos, cair é necessário para aprendermos a levantar ainda melhores do que antes.

@dea_schwarz

Andrea Schwarz

Reconhecer os pontos em que temos facilidade ou dificuldade de adaptação é importante para sobrevivermos aos traumas da vida. Eu já tinha me adaptado a tanta coisa que quando a pandemia me exigiu flexibilidade, essa habilidade já era fácil para mim. E quando temos que nos reinventar, o mais importante é saber sempre respeitar nosso tempo e nossas limitações durante todo o processo de aprendizado, seja em atividades simples e corriqueiras como eu fiz para poder me vestir e ir ao banheiro, seja ao iniciar uma nova carreira, como muitas pessoas tiveram que fazer na pandemia, por terem sido demitidas. Também tive que reeducar meu emocional a entender que meu corpo e meus movimentos não seriam iguais nem tão rápidos quanto minha mente estava acostumada. Quando nos reinventamos, encontramos uma visão diferente para o que já existia e abrimos espaço para nossa história se transformar positivamente.

A resiliência e a persistência são dois valores que precisamos cultivar para nos sobressair diante dos desafios. Encontrar quais são seus motivos internos para persistir ajudará você a ter forças para resistir e insistir em seus objetivos. Vamos aos poucos nos tornando essa metamorfose ambulante, como diria Raul Seixas! Quando optei por fazer a cirurgia, tive que decidir pelo menor risco, mas hoje vejo que ao mesmo tempo eu estava me arriscando também a ser feliz com essa minha nova realidade. Por isso, não devemos ter medo de correr riscos. Eles nos tiram do lugar de costume e são, na maioria das vezes, o princípio da mudança e da virada de chave mental para o sucesso.

Existem ferramentas que podemos utilizar para estimular a autoconfiança e nosso poder de regeneração. Aliás, regeneração é uma palavra muito potente para carregarmos, porque possui muitos significados para nossa vida: refortalecimento, recuperação, restauração, renascimento. Não me considero a pessoa mais espiritualizada, no entanto, percebo que buscamos pela fé sempre que algo muito difícil acontece. Acredito em uma força maior que rege tudo e todas as pessoas. Independentemente da religião, a fé pode ter diferentes significados: para umas pessoas pode estar em Deus, deuses, ou ser uma energia; para outras, a força do destino ou o universo. O importante é saber que sempre podemos recorrer a essa fé para ajudar a superar um trauma e nos regenerarmos.

Acredito, por exemplo, no poder das palavras, inclusive, evito as negativas. No dia a dia, escolho o que dizer e como dizer, excluindo do meu vocabulário palavras que carregam ideias de desastres, impossibilidades e incapacidade. Sou supersticiosa, e a palavra que significa "falta de sorte", e que começa com "a", não falo de jeito nenhum! Não deixo sapato virado nem roupa do avesso, mesmo que esteja super cansada. Jaques e eu não conseguimos deixar o volume do som do carro ou da televisão em número ímpar jamais. Usei do misticismo até para marcar as datas das cesáreas dos meus filhos: cada uma delas somadas resulta em um número que significa a palavra vida em hebraico, e viver é energia pura. A superstição não nos impede de buscar nossos sonhos, mas nos afasta de riscos e do negativismo.

Essa busca por uma conexão mais profunda com meu lado espiritual, me levou a explorar a prática da meditação, de modo a acalmar a mente e abrir espaço para a introspecção. O mindfullness é uma ferramenta colaborativa com a saúde mental que não tem caráter religioso. Essa técnica foi muito importante para minha recuperação do burnout ao me treinar a esvaziar a mente. Vivemos em uma sociedade que se preocupa em excesso com aparência, malhação e cirurgia plástica. Eu mesma me preocupava com o meu físico muito mais do que com o meu psicológico, até meu corpo parar em função da minha mente, como nunca havia feito antes, nem por conta da deficiência.

O mindfullness é uma prática que promove gradativamente a oportunidade para o autoconhecimento. Sentar-nos, sem pensar na conta para pagar do cartão ou na roupa que está na máquina fazendo barulho naquele instante, nos leva a prestar atenção justamente em nossos pensamentos instantâneos, e são eles que nos contam muito sobre o que pode estar nos perturbando.

Quando iniciei essa prática, me coçava inteira. Foi uma forma da minha mente comunicar para mim quanto esses pensamentos interferiam no meu corpo. Decidi me comprometer com essa meditação, praticando diariamente e subindo a minutagem aos poucos, até conseguir consumá-la de maneira efetiva. Foi a forma que encontrei de me equilibrar, pois uma vez que o burnout se mostra, ele não some totalmente: fica ali, à espreita no seu subconsciente, só esperando um deslize para voltar.

Na época do burnout, lembro que até o processo de investigação do meu diagnóstico foi desafiador. Nós, mulheres, quando ficamos um pouco mais agitadas e não desempenhamos como de costume, em casa ou no trabalho, logo somos julgadas pelas pessoas como exageradas ou com disfunção hormonal — até a equipe médica teve dificuldade de acreditar que os meus sintomas eram reais, ou seja, a "medicina tradicional" também não se mostrou preparada para respeitar e tratar as minhas reais sensações. Temos uma sociedade que rotula a mulher como desequilibrada toda vez que resolvemos expressar nossas insatisfações. A partir dessa minha experiência, senti uma grande necessidade de procurar uma solução fora da alopatia. Foi quando resolvi fazer terapia e me dedicar ao mindfullness, na tentativa de realizar uma faxina mental.

Como costumam dizer, um dia invariavelmente a conta chega, e depois de vinte anos a conta chegou para me cobrar o que não me permiti viver lá atrás por falta de autoconhecimento. O que negligenciamos em nós, um dia, volta com o intuito de nos sacudir para que os nossos desejos retornem para nossa lista de prioridades. Tudo o que vivi me fez ir ao encontro de uma forma de me espiritualizar mais e de me entender melhor, e a partir desse acolhimento comigo, também entendi que cuidar de mim é essencial.

O autocuidado para mim está proporcionalmente conectado com nutrir meu amor-próprio. Eu posso estar morta de cansaço, mas minha rotina de *skincare*[18] vai acontecer, e não tem a ver com esconder a minha idade, e sim com me cuidar para envelhecer o melhor que eu posso, aceitando a minha idade com muito orgulho. Sem contar que esse é o momento do dia que tiro para sair da rotina agitada: ficar só comigo, me dar esse prazer, respeitando o tempo que quero ficar ali, me amando. Tempo esse que não é o mesmo quando sou exigida a entregar um trabalho, por exemplo. O mundo vai forçar o seu relógio em nós, em prol de produtividade e de reconhecimento financeiro, e nos forçar a nos encaixar neste tempo que não é o nosso.

Outro ponto importante para mim nesse processo de autocuidado é manter uma alimentação saudável, algo que a deficiência me obrigou a dar o braço a torcer. Admito que

---
18 Rotina de cuidados com a pele.

me alimentava mal, comia fast food e muitos doces antes e depois da cadeira, e comecei a perceber que eu estava muito pesada para fazer as transferências sozinha e para as tarefas do meu cotidiano. Então, decidi emagrecer. Hoje, sei que estou magra, mas ainda me sinto inchada, porque dissociar da sensação de quando eu fiquei cheia de corticoides no organismo é um exercício diário de autopercepção, um compromisso de me olhar no espelho sem sentir os traumas que me faziam mal lá atrás.

Eu odiava comer verduras, não tinha gosto por refeições saudáveis, por isso escolhi reeducar meu paladar para ter mais qualidade de vida. Assim, me propus a aprender a me nutrir através de um plano alimentar traçado pela minha irmã, que é educadora física e nutricionista. Atualmente, conquistei o hábito de preservar minha saúde alimentar, não como qualquer coisa e levo sempre uma barra de proteína caso não tenha uma opção que esteja dentro da minha dieta. Sigo o lema de comer o que se descasca, e não o que se desembala. Quanto mais natural, melhor! A qualidade do que estou comendo é muito importante para mim. Ter uma alimentação saudável se tornou algo prazeroso depois que passei a enxergar isso como estilo de vida.

Manter-se firme em qualquer propósito exige disciplina, determinação e comprometimento, e no caso da reeducação alimentar não é diferente. O que nos ajuda muito é encarar esse desafio como uma tarefa de autocuidado. Esta foi a maneira que fez sentido para mim: zelar pelo meu corpo, respeitando minhas características, realçando minha beleza, sem me comparar com padrões impostos pela sociedade.

Para manter a mente e o corpo sãos e conectados, faço ioga, fisioterapia e drenagem. Antes de voltar para a academia, a ioga foi o modo que encontrei de movimentar meu corpo, já que "puxar ferro" na academia não é minha praia. Hoje, voltei para a academia — sim, prepare-se para sempre rever conceitos e mudar — e, além dessas atividades, faço tarefas domésticas diariamente. Sou muito ativa, por isso me programo bem para dar conta de tudo do meu jeito e no meu tempo. Essa habilidade de organização foi conquistada por conta da deficiência, da necessidade de me planejar como pessoa e da sistematização dos meus processos. Eu não paro! E considero ser multitarefas um dos meus superpoderes.

É importante confiarmos na nossa capacidade de desenvolver novas habilidades. Autoconfiança não é só uma questão de autoestima, é mais do que as pessoas veem por fora: é iluminar o que você tem por dentro. Algumas das maiores limitações estão no nosso íntimo. Se eu for colocar em uma escala de valor, me sinto muito mais autoconfiante pela jornada interna que construí do que por qualquer outra coisa que tenha realizado, e isso, sim, com certeza, reflete no meu exterior. Já escutei em palestras que apresento que tenho esse discurso porque sou uma mulher diferenciada. A construção cotidiana de autoconfiança e de autoaceitação, como sempre digo, deve ser vivida e experimentada para depois ser aceita. Experimente fazer isso e repita essa frase como um mantra e quantas vezes for necessário para você se inspirar a adquirir paciência com o seu caminhar.

Aceitar-se como é não significa que você não tenha o direito de transformar algo que te incomoda. Às vezes, a mudança pode trazer a autoestima de que você tanto precisa. No meu caso, por exemplo, fiz uma plástica no nariz porque não gostava dele. Voltar para um ambiente de hospital ao qual, até então, eu só tinha voltado por conta das minhas cesáreas, ainda mais sendo por opção, foi traumático para mim, entretanto, ponderei bastante, tomei coragem e fiz. Não é porque alguém tem autoestima elevada que não possa melhorar; a cirurgia me trouxe ainda mais confiança, mais empoderamento, porque me olho no espelho e me sinto mais bonita.

Você já parou para refletir porque nós temos tanta dificuldade em conceber que uma pessoa na cadeira de rodas possa se sentir bem consigo mesma? Gostaria que você pudesse abrir sua cabeça para a provocação que trago aqui: talvez seja porque *você* não se sentiria bem estando nessa mesma situação.

Se você não se questionar sobre como realmente se sente sobre o mundo, a sociedade estipulará por você o que

Andrea Schwarz

é um corpo padrão, jogando inconscientemente para você um viés que está enraizado na estrutura social. Já reparou que parece que só existe um corpo considerado padrão? Ainda ligamos as telas, como a televisão, ou vemos em qualquer outra mídia o mesmo tipo de corpo estampado para todos os lados, como uma imagem que fica retida no nosso inconsciente coletivo. O preconceito é tão estrutural que nem chegamos a contestar.

Eu já fui capacitista inclusive comigo mesma. Precisamos ter sempre atenção a essas questões, sempre nos propondo a desconstrução. Antes de me auto-observar, também procurava beleza em um lugar só. Ainda bem que o movimento inspiracional de representatividade da diversidade cresce mais a cada dia, com vários influencers e artistas de diferentes padrões ocupando seu espaço de direito nos meios de comunicação.

Foi um percurso desafiador não me submeter a ir em lugares sem acessibilidade, como alguns exemplos que compartilhei com vocês ao longo do livro. Antes, eu topava tudo porque também existia em mim uma necessidade de ser aceita, sentimento genuíno em uma sociedade que me exclui quando não promove acessibilidade em todas as calçadas e nos locais de consumo e trabalho. São micro agressões diárias que a sociedade, para não mudar sua estrutura base, impõe a grupos minorizados e para aqueles que fogem do padrão. Viver sem indagações nos transforma em marionetes fáceis de serem colocadas em caixinhas que não fomos nós que construímos. Temos que fazer perguntas concretas a nós: Por que tenho que me contentar com a falta de acessibilidade sendo que, provavelmente, uma pessoa que anda não se submeteria a ir a um restaurante que não fosse confortável para ela? Se eu sou uma cliente como todas as outras pessoas, por que preciso me submeter a perigos e constrangimentos?

Quando questionamos o *status quo*, constatamos os nossos reais valores, o que nos permite dizer os "nãos" conscientes de que o fazemos para o nosso bem e para um bem maior. O preconceito atinge camadas profundas e abrangentes: ele está tanto na acessibilidade quanto nas questões de gênero. Quanto mais temos essas intersecções de marcadores de identidade como eu, por exemplo, que sou mulher, judia e pessoa com deficiência, menos chances a sociedade nos oferece. Ser multitarefa — essa ideia estereotipada de que mulher de verdade é aquela que entrega tudo — é uma educação que nossas mães herdaram de nossas avós, e que foi passada de geração para geração. Somos pessoas que, historicamente, assumiam múltiplas responsabilidades e, à medida que conquistamos nossa independência, fomos acumulando ainda mais funções, inclusive a de contribuir financeiramente para o lar.

Andrea Schwarz

Eu, por exemplo, sempre acreditei que não deveria atribuir para os meus filhos a responsabilidade pelas minhas decisões, recomendo que você tenha coragem para assumir as suas. E a maternidade nunca me impediu de continuar minha carreira, ainda que eu tenha consciência de que essa decisão nem sempre é tão simples para todas as mulheres. Cada pessoa tem seus direitos de escolha; julgar só nos embute mais preconceito. Meus filhos nunca me cobraram isso, porque entendem a minha rotina e se orgulham da minha entrega e disposição, pois foram educados já dentro dessa visão. Sempre mostrei para eles que o preconceito está escondido em ações corriqueiras, como quando pessoas me questionam se eles são meus filhos e como eu fiz para tê-los, pergunta que insistem em fazer. E mesmo com todo letramento sobre grupos minorizados, os dois têm o discernimento de que saber sobre a questão e conviver com alguém com deficiência é bem diferente do que viver com a deficiência na própria pele, por isso eles respeitam minhas decisões e simplesmente me acolhem.

Uma forma de exercitar nossa empatia quando não sabemos lidar com o preconceito é o acolhimento. A deficiência é minha, não dos meus filhos, entretanto, eles podem tirar bom proveito dessa experiência em casa, ao aprender como respeitar as outras pessoas e seus limites, sendo empáticos. Meus filhos, como vivem comigo, me veem realizando muitas funções de forma prática no cotidiano, e por isso não questionam as minhas limitações. Ao criar um ambiente onde a diversidade é valorizada, ensino a eles que cada pessoa tem suas próprias lutas e histórias. Eles aprendem a ouvir, a se colocar no lugar da outra pessoa e a compreender que a empatia é fundamental na construção de um mundo mais justo. Se você perguntar para eles o que eu não consigo fazer, provavelmente responderão que só não consigo andar, pois não me olham com a mesma lupa que a sociedade tende a me enxergar. Como já disse anteriormente: aonde minhas pernas não chegam, o Jaques chega comigo, e os meus filhos também podem chegar por mim um dia.

O preconceito nos perpassa diariamente, cria empecilhos, bloqueia caminhos e relacionamentos. Se nós convidamos alguém com restrição alimentar para comer na nossa casa e não acolhemos essa necessidade, não estamos agindo pelo viés da inclusão. Senti essa discriminação desde o começo na maneira como as pessoas me olhavam, e sempre encarei essas situações com o discernimento de que não era minha culpa, e sim fruto da falta de informação. Eu achava bom quando as pessoas me miravam com estranheza. Isso me desafiava a quebrar todos os paradigmas preconceituosos delas. Eu analisava de perto, sem medo, essas discriminações justamente para conseguir separar o que tinha de intolerância da minha parte ou da delas, afinal, acredito que somos um espelhamento do outro.

Assumir as nossas escolhas e atitudes nos torna protagonistas da nossa história e mais capazes de praticar a empatia e inspirar outras pessoas. Hoje, eu posso dizer que sou protagonista da minha vida. É no momento que você assume esse protagonismo que começa, inclusive, a liderar os espaços que está ocupando exatamente por se aceitar e mostrar quem você é.

Paulo Freire dizia que "a inclusão acontece quando se aprende com as diferenças e não com as igualdades".[19] Para cultivarmos a empatia, tenho que me conhecer primeiro, senão não consigo pensar nas outras pessoas. Como vou entender a dor alheia sem me permitir sentir e respeitar a minha própria? É muito complicado aceitar o próximo se não nos aceitamos primeiro. Quando nos colocamos no lugar da outra pessoa, nos obrigamos a fazer um movimento para fora de nós mesmos, ou seja, neste momento, saímos de um lugar conhecido e confortável. Colocar-se no lugar de alguém, das suas vivências e reações, consiste inevitavelmente em renunciar a alguns pontos de vistas e opiniões íntimas enraizadas, por isso é desafiador ser empático.

Estar disponível cem por cento do nosso tempo exige

---
19 FREIRE, P. *Pedagogia da Autonomia*: saberes necessários à prática educativa. São Paulo: Paz e Terra, 1998.

afeto, escuta ativa, coragem de pedir desculpa caso venha a machucar outra pessoa, saber como estabelecer limites quando não consegue ir além do que é pedido, humildade para pedir que a outra pessoa nos ensine como é melhor para ela, abrir mão da teimosia de uma opinião fixa para compreender por outra ótica e por aí vai. Continuo a aprender e exercitar isso todos os dias. Existe uma frase da cineasta Chloe Zhao (diretora, roteirista, produtora e editora chinesa) que resume muito bem a importância da empatia: "a única maneira da gente sobreviver como espécie é olhar o mundo sobre a perspectiva do outro".[20]

Ninguém vive só, somos interdependentes. Podemos ser egoístas na medida em que as nossas necessidades não interferem a existência da outra pessoa. A vida fica muito mais gostosa com o tempero da empatia, do respeito e do amor. Podemos já nos considerar empáticos, mas quando amadurecemos com o olhar mais apurado, notamos situações em que não fomos. Reforço que isso é um processo de desconstrução e de reconstrução diário. Respeitar o nosso semelhante é tratá-lo com igualdade e acolher as diferenças. Eu me conecto com muitas pessoas com deficiência, muitas pessoas que têm histórias completamente diferentes da

---

20 LEITE, D. Chloé Zhao: conheça a diretora de 'Nomadland', vencedora do Oscar 2021. *Vogue*, 26 abr. 2021. Disponível em: https://vogue.globo.com/lifestyle/cultura/Cinema/noticia/2021/04/chloe-zhao-conheca-diretora-de-nomadland-vencedora-do-oscar-2021.html. Acesso em: 19 out. 2024.

minha. Generalizar é desrespeitoso, sem contar que limita o potencial de pluralidade de cada um de nós.

Já pensou em como pequenas ações diárias podem fazer uma grande diferença? Ou já se sentiu em desconexão das experiências de quem está ao seu redor? E se você se permitisse ver o mundo através dos olhos da outra pessoa por um dia? Toda história é única, e cada uma delas tem valor. Protagonizar sua vida, respeitando as diferenças, faz o mundo ser muito melhor para nós, sem exceções. Afinal, diversidade é a nossa maior riqueza, inclusão é o nosso principal desafio.

Voar é, e sempre será, um desafio, mas isso não significa que é impossível: pelo contrário. A cada decolagem, aprendemos a lidar com o medo e a incerteza, descobrindo novas perspectivas que antes não conseguíamos ver. Lembre-se: toda dificuldade é uma oportunidade para crescimento, e se conhecer e se cuidar são atos essenciais para poder aproveitar as oportunidades que aparecerão.

Autoconfiança não é só uma questão de autoestima, é mais do que as pessoas veem por fora: é iluminar o que você tem por dentro.

@dea_schwarz

ASAS PARA TODAS AS PESSOAS

"*Diversidade é convidar para a festa e inclusão é tirar para dançar.*"
Vernã Myers[21]

[21] SCHEFFEL, N. Não sei dançar, e todo mundo entendeu errado sobre diversidade e inclusão. *Uol*, 22 mar. 2021. Disponível em: https://www.uol.com.br/ecoa/colunas/noah-scheffel/2021/03/22/nao-sei-dancar-e-todo-mundo-entendeu-errado-sobre-diversidade-e-inclusao.htm. Acesso em: 18 out. 2024.

Se, como diz Vernã Myers, diversidade é convidar para a festa e inclusão é tirar para dançar,[22] eu coloco mais um ponto: a festa tem que ser acessível e devemos poder escolher a música! Uma das maneiras que encontrei para concretizar a escolha de ser protagonista da minha história e, de alguma maneira, tentar colaborar com uma perspectiva mais altruísta com as nossas diferenças sociais, foi palestrando. Hoje, as palestras que ministro são só uma parte da minha personalidade empreendedora, já que estou à frente da iigual,[23] empresa que fundei com o Jaques, com foco em inclusão de pessoas com deficiência no mercado de trabalho.

Como contei anteriormente, tudo começou com meu primeiro livro, que mapeou a cidade do ponto de vista dos acessos e serviços disponíveis: como mercado de trabalho, transporte, lazer e esporte. Para a época, foi um projeto muito

---

22 VERNÃ Meyers. *DMT Palestras*. Disponível em: https://www.dmtpalestras.com.br/palestrante/verna-myers/.
23 Saiba mais em: https://iigual.com.br.

disruptivo e chamou a atenção da imprensa, pois eu era uma menina jovem que usava a minha vivência e o meu propósito para reivindicar que as pessoas com deficiência não fossem institucionalizadas. Ao ler o livro, conclui-se, com bastantes evidências, que o país onde moramos era bem pouco inclusivo — ainda é — e precisava, e ainda precisa, mudar suas estruturas para acolher todos os tipos de pessoas e de corpos como também todas as formas de mobilidade. Não cabe a nós, pessoas com deficiência, mudar nossa forma de vida para nos adaptarmos e sermos incluídos. Por isso reitero o que eu trouxe no início do capítulo: diversidade é um convite para a festa e a inclusão é tirar para dançar, desde que a festa seja acessível e que todas as pessoas possam escolher a música.

Desde que comecei a escrever sobre esse assunto, percebi que o meu protagonismo atrai olhares: uma mulher com deficiência que consome, trabalha, se diverte e que defende um discurso de empoderamento não é comum, embora devesse ser. A sociedade ainda carrega o rótulo de que uma pessoa com deficiência não é capaz de realizar o que quiser porque, ao considerar essa possibilidade, todas as pessoas teriam que se movimentar também para garantir acesso em cada uma das esferas. A partir do guia, as empresas começaram a nos chamar, eu e o Jaques, para realizarmos consultorias sobre inclusão: e daí surgiu o propósito da empresa. Ser empreendedora social neste país é muito desafiador, é preciso ter muita determinação, e nós dois sentimos que nascemos para isso. Começamos com o pé direito, tendo o privilégio de abraçar oportunidades desafiadoras ao trabalhar com empresas grandes, e tendo a coragem de nos arriscar, característica *sine qua non* para quem quer empreender. Iniciamos do zero nossa carreira no empreendedorismo social, ajudando esse mercado a nascer. Não se falava sobre a inclusão de pessoas com deficiência como hoje, era um tema que praticamente não existia na época e que estava restrito a certas áreas do governo e a organizações não governamentais (ONGs).

Na verdade, hoje me dou conta de que o destino nos impulsionou a trabalhar com isso, e eu fiquei atenta a cada oportunidade. Após o incidente, eu estava tentando me especializar em fonoaudiologia e, depois de um ano em reabilitação, queria voltar a estudar. Então meu padrasto foi comigo à faculdade na qual me formei para me inscrever na pós-graduação. Você não imagina a cena: o ano era 2001, e a secretária responsável nos recebeu na garagem, comigo ainda dentro do carro, para justificar que não poderiam aceitar a minha matrícula, já que o campus era cheio de escadas e não havia nenhuma acessibilidade às salas de aula.

Meu padrasto — figura de amor muito importante na minha vida, que sempre foi muito parceiro e acolhedor comigo — ainda tentou convencer a mulher, dizendo que também era professor e que se responsabilizava para estar sempre disponível para subir e descer comigo no colo. Mas não teve jeito, fui rejeitada por conta do risco de segurança que, na verdade, sempre esconde por trás um risco jurídico para a instituição. Naquele momento, comecei a entender de maneira mais profunda e abrangente o que era o preconceito e como ele me afetava. Mais uma vez, a falta de acessibilidade se traduzia em justificativa para exclusão. Eu queria ser produtiva, e o mercado educacional e de trabalho cortava as minhas asas. Conforme fui retomando a minha rotina, constatei que a falta de acessibilidade não era algo apenas da faculdade, mas do bar que frequentávamos, do cinema a que gostávamos de ir, do restaurante em que amávamos comer, e que não tinha banheiro adaptado nem acesso para as mesas. Foi daí que surgiu a disposição de mudarmos de carreira para empreender: das nossas vivências e de uma necessidade, uma dor nascida devido aos inúmeros obstáculos com que me deparei.

De lá para cá, consolidamos a nossa consultoria como referência na inclusão de pessoas com deficiência no mercado de trabalho, ajudamos a incluir milhares de pessoas com deficiência em mais de mil organizações e publicamos três livros, antes desse. Um deles discute especificamente a questão da lei de cotas, que virou uma causa marcante na minha história ao auxiliar empresas a incluir pessoas com deficiência de forma que elas se sintam com as mesmas oportunidades, e não somente contratadas, o que é bem diferente.

Além do recrutamento e seleção, nossa empresa oferece consultoria de acessibilidade, consultorias, pesquisas censitárias, treinamentos e palestras para todos os públicos da empresa desde alta liderança, pessoas gestoras, área de recursos humanos e medicina e segurança do trabalho, uma luz para a cultura organizacional.

Uma empresa só consegue entender o valor agregado de uma rampa se compreender a importância de ela estar lá, senão a construção da rampa vira um custo, e não um investimento. Quando tornamos acessíveis os locais físicos, o ambiente da web e a comunicação empresarial, damos passos a favor da verdadeira inclusão.

Com o meu propósito de oferecer letramento, baseado na minha crença de que a chave da inclusão está no poder da informação, passei a palestrar, ministrando conteúdo técnico e motivacional. Sinto que as pessoas se identificam com o meu discurso, não somente pela questão de gênero ou pela deficiência, mas pela adversidade: por sentirem que também não se encaixam, pela dor da inadequação. Como aceitação e transformação são assuntos que inspiram, percebi essa lacuna de pessoas sedentas por esse tipo de orientação.

Minha audiência se sente motivada pela minha trajetória e passamos a trazer essas temáticas também para dentro das organizações e nas suas experiências de vida fora delas, afinal, quando estamos escutando outras histórias, temos a oportunidade de sair da nossa bolha e crescemos e ganhamos com esse processo. Passei, então, a ser solicitada para eventos de todo tipo, para motivar vendas e inspirar outros públicos, para falar de possibilidade e transformação. Foi quando me dei conta de que esse era um grande nicho para mim. Fui conduzida pela força do destino e pela maturidade da minha própria percepção com relação a tudo que tinha me acontecido, me especializei, e já ministrei milhares de palestras. Cada vez mais, o meu tempo é dedicado a isso, e tenho uma agenda bem intensa.

É interessante ressaltar que uma necessidade de sobrevivência por motivos pessoais se transformou em empreendedorismo ao avistarmos uma oportunidade. Quantas pessoas, mulheres, mães, veem uma possibilidade de voltar ao mercado de trabalho, de se sentir úteis através do empreendedorismo porque, muitas vezes, essa é a única chance que temos de adequar nossas questões pessoais a um trabalho? Assim, consegui unir o útil ao agradável: eu podia fazer a minha agenda de fisioterapia, vivenciar a maternidade e ter a minha qualidade de vida com o meu trabalho, sem precisar escolher uma coisa ou outra.

O empreendedorismo me fez sair do meu estado de conforto e me faz sentir viva todo dia. Mas vale dizer que o mantra de quem empreende é "se vira!". Cada reunião é uma minipalestra que nos demanda pleno envolvimento, entrega e estratégia, o que me motiva a usar todas as habilidades que as minhas vivências me trazem — a deficiência, a diversidade, a maternidade, a minha história de amor e de família, os meus valores, a minha espiritualidade — para desempenhar com excelência o meu trabalho.

Quando comecei a empreender, eram poucas pessoas com deficiência que eram contratadas com carteira de trabalho assinada no país. Hoje, são mais de meio milhão.[24] Nós ajudamos a mudar esse cenário, difundindo a ideia da urgência de disseminar o assunto para que fôssemos vistos como cidadãos e cidadãs como quaisquer outras pessoas que consomem, estudam, trabalham, são colaboradoras de empresas ou empreendem. O empreendedorismo possibilita o protagonismo, e, no meu caso, se encaixou como uma luva.

Uma vez assisti a uma apresentação do palestrante Clóvis de Barros Filho e o tema era: "A vida que vale a pena ser vivida", e ele disse algo que me move até hoje: na vida, há dois tipos de pessoas, a que está em cima do palco ou a

---

24 Levantamento do eSocial aponta 545,9 mil trabalhadores com deficiência no mercado de trabalho no Brasil. *Gov.br*, 5 mar. 2024. Disponível em https://www.gov.br/trabalho-e-emprego/pt-br/noticias-e-conteudo/2024/Marco/levantamento-do-esocial-aponta-545-9-mil-trabalhadores-com-deficiencia-no-mercado-de-trabalho-no-brasil. Acesso em: 21 out. 2024.

que está assistindo na plateia. Isso não significa que uma seja melhor do que a outra, são simplesmente perfis diferentes de personalidade. Para mim, a vida que vale a pena é aquela que eu protagonizo estando no palco. Note que essa vontade nada tem a ver com o desejo de usar o poder do protagonismo para dominar pessoas, ou mesmo virar uma supermulher me sobrecarregando; tem muito mais a ver com me colocar no centro das mudanças e assumir minhas escolhas. Protagonistas, no geral, são pessoas que se realizam de forma plena, porque não jogam em cima do outro a responsabilidade da própria felicidade.

Expor a minha história para até cinco mil pessoas em uma palestra, sabendo que vou impactar milhares de vidas, é uma missão que implica muita responsabilidade. Porém meu maior motivador é transformar vidas para a melhor e impulsionar a coragem necessária para que quem está na plateia, um dia, possa também estar nos palcos da vida contando sua história. Independentemente de você ter dois seguidores ou dois milhões, cada história importa, e, quando repassadas, impactam outras, formando uma corrente reveladora de novas possibilidades a partir da superação de adversidades.

Espero que a partir do meu caminho trilhado, alguém possa se inspirar e trilhar o próprio. Meu intuito é ensinar a voar como eu voei! Se você procurar ou construir, sempre haverá caminhos para trilhar. Todo mundo passa por adversidades, maiores ou menores, e é possível rever a maneira como reagimos para transformarmos isso positivamente. Muitas pessoas se comparam a mim, dizendo que a dor delas não chega nem perto da minha, entretanto, esse tipo de comparação não vale a pena. Ficar sem andar é algo muito significativo? Com certeza que é! Mas o ponto fundamental é o que você constrói a partir da sua condição, seja ela qual for. Quem é que pode dimensionar o que é maior ou menor para a outra pessoa? Não existe uma escala quantitativa de sofrimento comum a todo mundo. A comparação não leva você a lugar nenhum, a não ser à sensação de impotência. O que interessa mesmo é o impacto que suas dores geram em você. As redes sociais incentivam esse tipo de comparação, porém, como tudo na vida, podemos nos reeducar a fazer bom uso delas, com menos julgamento alheio, usando essa ferramenta poderosa para influenciar e ser influenciado de maneira construtiva.

O Jaques, por exemplo, trabalhava com marketing e já estudava a plataforma LinkedIn[25] como curioso quando resolveu fazer uma conta para a nossa empresa. Ele notou uma tendência de mercado muito forte e teve o insight de trabalhar a minha marca pessoal em vez da empresa. Mais

---

[25] A maior rede profissional do mundo, com mais de 850 milhões de usuários em 200 países e territórios. Disponível em: https://about.linkedin.com/pt-br. Acesso em: 21 out. 2024.

do que vender a trajetória da nossa empresa e os trabalhos que fizemos, a sacada foi ele perceber que eu, como marca, sendo a protagonista da história da nossa empresa, seria um grande atrativo para novos projetos e clientes. A partir disso, decidimos expor nossa história, contar para o mundo os nossos passos dentro da maior adversidade que tínhamos vivido, e deu muito certo, pois gerou afinidade imediata.

As pessoas dão muitos likes porque se identificam e se inspiram. Até que fizemos a postagem mais simbólica da conta, que deu um *boom* no perfil: coloquei uma foto minha com salto bem alto, toda arrumada para ir a uma festa, e no post decidi compartilhar uma dor íntima que eu tinha havia algum tempo.

Sempre ouvi repetidas vezes a mesma pergunta: *por que você usa salto alto se você não anda?* Esse questionamento vinha desde as pessoas mais letradas até familiares, e eu me perguntava onde estava a regra dizendo o que pessoas com deficiência podiam ou não usar. E se fosse uma bota ortopédica, podia? Uma pessoa cega não pode se maquiar? Nunca entendi a lógica dessas perguntas. Para mim, isso tem relação com autoestima e protagonismo, tanto que no post escrevi assim: "Arrasar no look pode ser para qualquer tipo de corpo. O que importa é você se sentir bem."

Lembro de estar no meio da festa quando Jaques me avisou que o post tinha viralizado. Para mim, o salto é um símbolo feminino. Lendo os milhares de comentários, entendi que quando as pessoas viram uma mulher com deficiência de salto alto, sentada na cadeira, na cabeça delas, ou melhor, no preconceito introjetado delas, essas informações não se conversavam. Como é que ela pode ser protagonista da própria vida? Como pode ter assumido a rédea da história dela? Estavam olhando para uma mulher em um lugar que não estão acostumados a ver, ainda mais uma com deficiência: em uma posição de poder pessoal. Consegui enxergar que esse simples post atraiu a atenção porque eu estava ocupando um lugar que, segundo a sociedade, não era para mim.

Lembro-me também do momento exato em que Jaques e eu estávamos jantando em um restaurante e recebi uma mensagem *inbox* da plataforma, me comunicando que eu tinha sido eleita LinkedIn Top Voices.[26] De fato, fui a primeira mulher com deficiência a ser eleita nessa categoria. Contar isso me arrepia até hoje! Foi um dos primeiros reconhecimentos que recebi, e me emocionei muito ao receber a notícia e relembrar toda a minha trajetória de luta até aquele ponto. Perguntei para o Jaques se ele tinha noção do que estávamos conquistando. Abrir a nossa história pessoal pelo prisma das adversidades, valorizar nossa jornada e respeitar nossa trajetória é mostrar os bastidores, o que a vida é

---

26 Uma das vozes mais relevantes da rede social LinkedIn.

de verdade. Mostrar só o palco é criar uma ilusão superficial, uma vez que ninguém brilha o tempo todo. Aliás, acredito que o nosso brilho está no que fazemos com as dores que temos, pelo menos foi assim comigo.

Na época, a comunicação na plataforma do LinkedIn, por se tratar de uma rede profissional, tendia a ser mais formal. Acredito que fomos uns dos primeiros a humanizar essa linguagem. Trazíamos sempre o nosso cotidiano, nossa história de amor como casal, os dois na praia dançando. Meu perfil começou a bombar e viralizar, e passamos a nos dedicar cada vez mais a produzir conteúdo. Em um determinado momento, constatamos que aquele conteúdo tinha uma relevância que, no início, não entendíamos. Ele causava um impacto importante na vida das pessoas, já que elas enxergavam na minha história potenciais horizontes e alternativas para os desafios delas. Ainda que eu colocasse o dedo na ferida com a minha narrativa, me dei conta de que tinha virado uma referência para que a sociedade pudesse ter outras perspectivas de si.

Por meio do meu ponto de vista em relação ao mundo e o que não me contemplava dentro dele, virei assunto de interesse geral. Temas cotidianos que pareciam tão nichados atraíam outras tantas famílias, pessoas com deficiência, ou sem, que se identificavam com o que estávamos comunicando com tanta transparência. Não se engane: eu ainda sofro preconceito diariamente, a exposição não me livrou disso, pelo contrário, mas quando coloco na balança, o propósito de trazer referências que não pude ter quando precisei é sempre o peso maior.

Em outras redes sociais, foi um pouco diferente. O meu perfil de Instagram, por exemplo, só foi aberto durante a pandemia, os próprios seguidores do LinkedIn me incentivaram. Tudo estava parado no mercado de trabalho, inclusive as nossas consultorias, então decidimos abrir — olha aí mais uma vez a necessidade nos tirando da zona de conforto. O Jaques não conhecia a linguagem dessa rede social, por isso uma prima minha, a Vivi, alguém que me conhece super bem e trabalhava com marketing, nos ajudou muito com a expertise dela. Fomos ganhando estrutura, crescendo e comemorando cada nova quantidade de seguidores e seguidoras que alcançávamos. Como não dependemos das campanhas publicitárias para viver, posso me dar o privilégio de escolher quais marcas representar com a nossa imagem e só escolho as que têm a ver com a minha filosofia de vida. Até hoje, tenho muita dificuldade de trabalhar com agências de publicidade que intencionam sempre vender a minha imagem como pessoa com deficiência. Eu sou isso? Sou! Mas minha vida não se limita a isso.

Hoje, tenho mais de um milhão de seguidores e seguidoras nas três redes sociais. A terceira foi o TikTok, que ade-

Andrea Schwarz

ri no Dia Internacional da Mulher com a proposta de usar a *hashtag* "Somos mais que uma", de protagonismo feminino. Ganhei um engajamento importante e positivo nas redes sociais e, além de contribuir com meu negócio gerando mais palestras e consultorias, me fez me sentir mais próxima das pessoas que me seguem. Procuro, sempre que posso, responder e atender a todos e todas, seja on-line ou presencial, pois sei que meu trabalho mexe com cada pessoa de maneiras diferentes. Minhas palestras não são somente sobre assuntos técnicos de inclusão, eu falo de sentimentos, e sei que se você assistir dez vezes às minhas palestras, em todas elas vai sair de lá diferente. Cada vez pode tocar você em lugares que não havia tocado antes, dependendo do momento em que sua vida está. Cada instante de vida traz consigo um ensinamento, uma previsão nova de voo.

Aprendi a voar para propor a quebra de rótulos. Não me limitei a ser só uma pessoa com deficiência ou somente mãe ou empreendedora. Eu deixei de andar, mas não deixei de viver. Existem alternativas ao andar, e elas só deixam de existir quando não nos respeitamos. As maiores limitações estavam dentro da minha cabeça; resolvi romper com elas e assumir o controle do meu caminho.

A minha missão sempre foi desmistificar uma série de conceitos que estão vinculados à pessoa com deficiência, quebrando padrões de normalidade que não fazem sentido e que só servem para excluir. Desde o primeiro livro, no qual comprovamos que pessoas com deficiência consomem, namoram, estudam, trabalham e fazem tudo que têm direito, até as redes sociais, estamos sempre, de alguma forma, tentando mudar a imagem que a sociedade tem das pessoas com deficiência, trazendo o foco para o preconceito de gênero também. Eu sou isso? Sou! Mas não sou só isso, sou mãe, empreendedora, consumidora, porque as pessoas tendem a querer que eu venda cadeira de rodas e barra de banheiro. Minha vida não está limitada a isso. Precisamos despertar para o fato de que o mundo não é visto só pelos nossos próprios olhos, mas é igualmente notado pelo olhar de outra pessoa. Ter empatia não é apenas *ver* a outra pessoa, mas *reconhecer* sua presença e acolhê-la de forma genuína.

O exercício da empatia pode nos trazer mais compaixão e admiração. Do mesmo jeito que influencio pessoas, também sou frequentemente inspirada por muitas, por isso sempre digo que cada história importa. Luana Génot, Djamila Ribeiro, Cida Bento e Rachel Maia, por exemplo, são mulheres negras que também questionaram o *status quo* e se dedicam a impactar outras vidas, expondo-se de forma significativa para proporcionar um aprendizado que devolve à sociedade as informações que lhe faltam. Assim como Maitê Schneider, uma mulher trans, que teve toda a história dela construída sobre sua autoidentificação ao assumir quem ela sempre foi.

Andrea Schwarz

Sinto-me conectada com essas jornadas de autoaceitação, cada uma, logicamente, com a sua dor e no seu lugar de fala. Mara Gabrilli, senadora, pessoa com deficiência, psicóloga e publicitária, sempre muito vaidosa e que nunca se limita a ser colocada em uma caixinha só, me estimula a persistir. Ela chegou ao Senado, assumindo uma cadeira que ninguém com deficiência havia conquistado. Quando penso em liderança, logo me vem à cabeça o Rafael Sales, CEO da maior administradora de shoppings do país, a Allos, que possui uma deficiência adquirida. Ele alcançou um nível altíssimo no mundo corporativo que poucas pessoas conseguiram galgar, uma representatividade muito significativa que humaniza a empresa. Não é porque ele se tornou uma pessoa com deficiência que precisa necessariamente trabalhar para a causa, mas ele com certeza se conscientizou da importância da acessibilidade como estratégia de negócio dentro de onde está. Impressionante!

Admiro igualmente Natalie Klein e Anny Meisler, duas mulheres empreendedoras e que transformam a maneira de como o nosso gênero empreende em um país onde ainda se privilegia homens. Anny Meisler, por exemplo, fundadora do grupo LZ, representante da marca Reversa, é mãe, judia, muito empática e visionária. Identifico-me demais com o conteúdo de posicionamento que ela traz nas redes sociais. Outra figura impactante é Roberto Sallouti, sócio e CEO do banco BTG Pactual, cofundador e chairman da Inteli, que acredita em pessoas, é empático e dedicado, tem escuta ativa (o que é raro em um líder de alto escalão), sabe dialogar e já me recebeu para conversas de forma aberta, dispondo-se ao letramento com objetivo de impactar dentro e fora da organização. As estruturas só serão efetivamente mudadas na sociedade quando todas as pessoas, assim como ele, se propuserem a sair da zona de conforto para melhorar vidas. O processo de inclusão e de acessibilidade deve estar principalmente na estratégia do negócio.

Na maioria das vezes, nossas barreiras são mentais, justamente porque buscamos referências limitadoras, tentando nos encaixar na vida do outro em vez de enxergar as múltiplas oportunidades à nossa volta, independente das circunstâncias. Acompanhar essas trajetórias me inspira e me faz, diariamente, alimentar as minhas crenças e meus sonhos de um mundo mais equalitário. Por isso, continuamente pesquiso e leio muito sobre histórias incríveis como essas, para que quando estiver exaurida ou desesperançosa, a grama do vizinho sirva não como objeto da minha frustração, mas como motivação para minha reconstrução.

Certa vez, ouvi uma frase que conversa perfeitamente com meu propósito. Ela diz que só vamos conseguir um grupo potente quando a soma dos indivíduos for potente da mesma maneira. É imprescindível empoderar as pessoas

Andrea Schwarz

com deficiência e grupos minorizados para que formemos um grupo tão potente ao ponto de representarmos substancialmente essa parte da população, que hoje é, em maioria, representada por homens. Eu busquei me fortalecer e encorajo você a se apropriar do seu poder pessoal para que sejamos uma sociedade na qual os nossos direitos e deveres sejam igualmente garantidos.

O que te impede de se manifestar e fazer a diferença na sua comunidade? Já parou para pensar que cada pequena ação pode ter um impacto significativo? Como você se sente ao refletir sobre a sua própria voz e a força que ela pode ter? Esses questionamentos são um convite para que você se junte a nós nessa jornada de empoderamento e inclusão. É coletivamente que sairemos bem mais fortes do campo da invisibilidade.

Ter empatia não é apenas ver a outra pessoa, mas reconhecer sua presença e acolhê-la de forma genuína.

@dea_schwarz

VOCÊ PODE VOAR

"Nunca perguntei para
mim mesma se os meus
sonhos eram possíveis,
mas sim se eram suficientes."

O ato de influenciar vidas carrega consigo a responsabilidade de inspirar e de nos permitir ser inspirados, como um ciclo que se retroalimenta. É por isso que, diariamente, procuro nutrir a minha mente de conceitos e valores que me regeneram como ser humano e ampliam os meus horizontes. Nossas dores podem ser diferentes, mas algo na minha história pode aliviar um pouco das suas aflições e ajudar você a encontrar o seu caminho.

Tudo que compartilhei com você até aqui foi a maneira que encontrei de lidar com a questão mais desafiadora da minha vida, adquirindo uma postura ativa no meu processo, ocupando o papel central da minha história. Eu garanto que quando você se apropriar de quem é e do seu protagonismo no mundo, nada nem ninguém poderá impedir você de chegar aonde quer. Espero que a partir do que trouxe aqui no livro, você perca o receio de se arriscar, e sinta o desafio de finalmente abrir suas asas. Alçar voo requer reconhecimento de novas possibilidades, e será durante a trajetória que você encontrará uma sensação profunda de pertencimento, e não mais de exclusão. Faça isso ao ressignificar suas dores e angústias, transformando-as em oportunidades.

Murilo Gun, um palestrante de autoconhecimento e criatividade que vive reinventando a si mesmo, certa vez compartilhou uma reflexão que reverberou em mim de maneira muito especial, pois entendi que é desse tipo de estrutura que minhas asas foram feitas. Ele disse que a aceitação é uma atitude extremamente proativa, portanto, a autoaceitação não é passiva: em prol de mudar a nossa realidade, temos que nos aceitar. Ou seja, inevitavelmente, a proatividade nos exige uma ação. Para transformarmos uma adversidade em oportunidade, temos que nos retirar do campo da reclamação e do conformismo, aceitar o que nos aconteceu, enquanto, ao mesmo tempo, avaliamos e nos resignamos para além de nossas atitudes — erradas ou certas — que desencadearam esses eventos frustrantes. Seguir em frente é se reinventar.

O segredo do voo para mim está no exato momento em que você resolve se aceitar e fazer uma ação a seu favor. Muitas vezes, para a aceitação acontecer, é necessário alcançar o auto perdão, autoconhecimento, autoaceitação, autocompaixão. Sem eles, pode ser mais pesado dar aquele primeiro passo para fora do nosso confortável ninho. Então o intuito de dar o salto na direção do seu voo se perde, porque você provavelmente ainda não consegue avistar a bela paisagem que está bem à frente dos seus olhos. Por isso, comprometa-se com o exercício de não se ferir, seja pela culpa ou por se fechar para se proteger de fatores externos. Enxergar potenciais perspectivas por outros vieses traz mais graciosidade para nossa vista.

Afinal, quando chegamos ao ponto de reconhecermos as nossas fragilidades, ninguém consegue usá-las contra nós. As suas vulnerabilidades podem se tornar, sim, seu superpoder se você escolher abraçá-las. É possível olhar para sua história e traçar um paralelo com suas próprias vivências e escolher transformá-las em potência. Ninguém é capaz de cutucar uma ferida que você já curou, simplesmente porque ela não vai mais estar ali, disponível aos olhos das outras pessoas como uma ferida aberta. Ter coragem de encarar nossas cicatrizes com orgulho desvia os olhares alheios de julgamento. Se você tiver vergonha do seu peso, da sua altura ou da sua condição, assumir-se como é vai arrancar o preconceito pela raiz e devolver a sua força para você.

Lembre-se desta frase conhecida e muito valiosa: ninguém pode fazer você se sentir inferior sem o seu consentimento. Nós fazemos, então, parte desse ato de consentir e, normalmente, jogamos toda a responsabilidade dessa dor para as outras pessoas. Então, para que tenhamos respeito, não é necessário que emanemos autorrespeito? Damos permissão quando deixamos que alguém invada nossa bolha de segurança, afetando as estruturas de validação da nossa autoestima.

Cheguei até aqui porque nunca perguntei para mim mesma se os meus sonhos eram possíveis, mas sim se eram suficientes. E quando não eram, eu tomava a caneta na mão e reescrevia a minha história de maneira que eu virasse novamente a protagonista. Mesmo que a sociedade não motive você a assumir a caneta da sua própria jornada, mesmo que custe se sentir não pertencente por ir contra a maioria, defenda seus valores e não ceda aos preceitos que são inegociáveis para você. Frequentemente, nos machucamos ao dar permissão para que desvirtuem nossos princípios pessoais. Acredito que há características peculiares a cada um de nós que são inestimáveis, e podemos pagar, com certeza, um preço muito mais alto quando não nos valorizamos nem nos respeitamos — como você viu no meu caso de burnout, por exemplo.

Essa mudança de chave mental, de mentalidade, é extremamente necessária para que a sociedade passe a ver você como você realmente é, e não da maneira como quer que você seja. Se não lidar adequadamente com suas dores, pode atravessá-las sem identificar aspectos essenciais para a sua sobrevivência, como a importância de tomar atitudes simples, como estabelecer limites entre você e quem lhe causa mal. O primeiro movimento nunca vai partir da sociedade em direção a você, e se ficar esperando, poderá nunca voar para o seu destino. Um pássaro não espera que a paisagem venha até ele para decidir voar, certo? Constato todos os dias da minha vida, desde muito cedo, que ao aceitar ser quem eu sou, o mundo vai se ajustando a mim, exatamente como meu pai me disse: "Seja você mesma, o mundo se ajusta". Confie nessa premissa.

Igualmente importante será incorporar a sua liberdade de expressar seus nãos sem se justificar. Essa habilidade precisa ser praticada para ser conquistada, e é muito poderosa. O seu desejo de ir e vir ou de gostar ou não deve ser respeitado antes de tudo por você. Convido você a lembrar quantas vezes se predispôs a ir ou fazer algo que não queria só para não parecer desagradável? Acabamos dizendo "não" para nós para não precisarmos falar para nossa família, nossos filhos, marido, esposa, amigos, amigas, vizinhos, vizinhas e quem quer que seja. Uma dica: treine dizer mais a frase: "Agradeço, mas não quero porque não me faz bem", e ponto final. Busque a mudança de comportamento diariamente, aguçando sua consciência e autopercepção; caso contrário, inevitavelmente você vai descarregar os seus nãos atacando-os em alguém.

A sociedade nos molda e nos manipula constantemente, e por conta do desejo de pertencer ao coletivo, cedemos a essas táticas, muitas vezes de maneira inconsciente, repetindo comportamentos que nós repudiamos. Não é se comparando com outra pessoa e muito menos a imitando que faremos a diferença no mundo. Gastamos muito tempo tentando corresponder a uma expectativa que sequer nos cabe só porque alguém falou que essa idealização nos servia. É preciso estar constantemente vigilante para sempre fazer o caminho de volta para nossas verdades, nossos valores.

Também não desista se não conseguir corresponder às suas próprias expectativas. Mudança de pensamento e comportamento exige dedicação, tempo e, principalmente, muita paciência consigo e perseverança. É nesse exercício de tolerância diário que vamos fortalecendo o nosso amor-próprio e o autorrespeito. Quanto mais treinarmos a nossa mente, mais ela se fortalecerá. Como diz o ditado: "Enquanto os grandes dominam o corpo, os gigantes dominam a mente". Assim, para mudarmos o mundo, temos que primeiro transformar nossa mentalidade. É nos fortalecendo como indivíduos que estaremos, na mesma medida, nos potencializando como sociedade.

Não espere de outras pessoas algo que só você pode fazer por si. Reagir intimamente a qualquer situação externa que lhe aconteça, assim como assumir sua verdadeira identidade, é uma ação inteiramente sua. Ter a mudança ao alcance de suas próprias mãos pode dar um receio inicial, já que instantaneamente nos atentamos que cabe somente a nós arcar com todas as responsabilidades e consequências de nossas atitudes. Porém a constatação mais poderosa acontece quando, ao se colocar no centro de tudo, percebemos que ninguém nos tira o poder da tomada de decisão.

Escutei da Criss Paiva, professora, mãe e humorista, no podcast[27] do Joel Jota, que "uma pessoa feliz não tem o melhor de tudo, mas ela sabe como tornar tudo melhor". É ilusório pensarmos que em uma vida feliz não haverá conflitos e adversidades, no entanto, é a nossa habilidade de lidar com essas barreiras que surgem na nossa trajetória que determinará se nosso dia será ou não feliz.

Uma pessoa alegre nem sempre recebe o que há de melhor das pessoas ou do mundo — ela também atravessa tempestades e passa por superações, contudo tem a capacidade de transformar o seu entorno em um lugar muito melhor através da sua felicidade. Não importa o tamanho da adversidade que nos encara de frente, sempre vai haver uma solução. E embora em momentos de sofrimento nos sintamos impotentes, nenhum desafio é insuperável. A resposta para o problema pode não ser óbvia de se encontrar, ou pode até ser que ainda tenha que ser descoberta, mas ela existe! Se

---

27 APRESENTADORA de um dos maiores podcast de sucesso "Vênus" (Criss Paiva) | Jota Jota Podcast #57. 2022. Vídeo (1h31min15s). Publicado pelo canal Joel Jota. Disponível em: https://www.youtube.com/watch?v=xB-9zkRMhkII. Acesso em: 08 out. 2024.

tivermos olhos dispostos a ver sem julgamento e ouvidos disponíveis a ouvir com o coração, a saída se revelará.

Para finalizar este livro, quero compartilhar com você algo que sempre repito para os meus filhos: a importância de se conquistar e preservar o direito de ser livre e de fazer as próprias escolhas. Nunca deixe que alguém as tire de você! Viva a partir dos seus desejos e acredite nas suas habilidades para lidar com os obstáculos quando eles atravessarem a sua estrada. Se, um dia ou outro, você ficar em dúvida de como virar esse jogo da vida, escute outras histórias e se inspire. Nunca perca a chance de entrar em contato com pessoas diferentes: sempre dê a oportunidade de uma escuta empática para aquelas pessoas que construíram uma história diversa da sua porque, em algum lugar do caminho que a outra pessoa viveu, existe uma lição esperando para ser apreendida por você.

Toda história é uma jornada. Quanto mais escutamos as pessoas e a nós, mais percebemos que estamos mais perto do que imaginamos; estamos apenas a uma história de distância. Quantas vezes encontrei respostas que buscava há anos dentro de mim ao trocar experiências com outras pessoas? Inúmeras. Tanto em ídolos inacessíveis ou influenciadores na internet, como na história de vida do vizinho do prédio ou alguém que estava participando de uma palestra minha. Uma virada de consciência pode estar bem próxima, logo ali ao seu alcance, até mesmo dentro da sua família, ansiando para que você dê a essa história a devida escuta.

Transmito as minhas vivências para os meus filhos porque sou consciente de que aprendi muito através de todas as pessoas que cruzaram a minha jornada, principalmente com os meus antepassados e com seus respectivos valores. O legado que busco deixar para eles é valorizar a vida acima de tudo, acreditando plenamente que podemos ser felizes em qualquer situação e que somos os donos e donas da nossa liberdade de escolha. Espero que as próximas gerações sejam educadas pelo olhar empático da igualdade e que questionem os preconceitos estruturais que perpetuamos por tanto tempo.

Somos mortais, e quanto mais assimilamos maiores níveis de conscientização, mais agilmente aproveitamos o nosso viver. Respeite o seu direito genuíno de errar, não se envergonhe! Ao aprender com as falhas, a maturidade acaba por traduzi-las em força. Se nascêssemos sabendo tudo sobre o nosso destino, o que nos sobraria para aprender no nosso caminhar? Creio que a grande sacada para adquirir inteligência emocional é absorver conhecimento ouvindo o seu semelhante e passando esses conselhos alheios pelo seu próprio juízo de valor para decidir segui-los ou não. Assim, liberdade e escolha podem caminhar de mãos dadas com a prosperidade e o bem-estar.

O autoconhecimento é algo que devemos buscar e cultivar, não é tarefa simples, mas posso afirmar, pela minha própria experiência, que o esforço compensa e torna melhor nossa passagem neste mundo. Tenha coragem para começar, pois o que seria da vida em si senão o próprio ato da coragem?

Voar é para todas as pessoas, não somos pássaros, não nascemos com asas, mas isso não nos impediu de criar meios e máquinas para isso. Hoje, podemos voar de várias formas, tornando os maiúsculos desafios em minúsculos, do alto no céu, o que parece ser grande barreira se torna um pequeno ponto, muitas vezes invisível.

Assim como eu, você pode construir seu meio para voar, todos nós possuímos as ferramentas necessárias para transformar nossas vidas: seja a partir da aceitação, da positividade, do propósito ou da capacidade de adaptação. Pegue sua caixa de ferramentas e comece a usá-las hoje mesmo, peça ajuda quando necessário for, afinal, o conhecimento do próximo torna o processo mais rápido e prazeroso.

Aliás, o céu azul não é uma fronteira, pertencemos a um universo gigantesco que nos permite ousar sem limites, ousadia essa que você pode usar para se conhecer mais, para amar mais, ser mais feliz, e conquistar tudo o que deseja.

Aprendi a voar, mas não vou parar por aí, quero ver você voando e compartilhando da mesma experiência. Comece já a refletir sobre você e vamos começar uma nova jornada!

Não espere de outras pessoas algo que só você pode fazer por si.

@dea_schwarz

DEPOIMENTOS

POR ANNY BURDMAN MEISLER

Sócia-fundadora do Grupo LZ, CMO da LZ Studio,
LZ Mini, LZ Planejado e LZ Corporativo

Ser empreendedora está no meu DNA, multiplicar também! Sou, Anny Burdman Meisler, esposa do Rony, mãe do Nick, Tom e Chiara, minhas melhores obras. Sempre busco equilibrar a equação: maternidade, família, trabalho e projetos sociais.

Minha história com a Andrea começou muito antes de nos conhecermos pessoalmente. Ela é prima da minha melhor amiga, a Ana. Desde cedo, ouvia a Ana falar de sua prima mais velha de São Paulo, a Dea, que sempre foi tema das nossas conversas por ser uma grande inspiração, um verdadeiro exemplo. Já tinha no meu imaginário a Dea como uma referência familiar de mulher incrível.

Os anos se passaram, e enquanto eu me aventurava no mundo do empreendedorismo, a Reversa entrou na minha vida. Com quase quinze anos de mercado, a Reserva lançou sua versão feminina, a Reversa, que não se limita a ser apenas uma marca de roupas, mas busca representar as mulheres reais.

Andrea Schwarz

Quando se fala em lingerie e underwear, pessoas com deficiência, na maior parte das vezes, ficam de fora não somente das campanhas, mas das coleções. Para muita gente, essas peças precisam de algumas adaptações, como aberturas laterais e tecidos mais leves, que respirem bastante. Pensando nisso, a Reserva lançou para o Dia dos Namorados uma coleção que inclui a linha Adapte.

Para ilustrar o amor e a diversidade, a Andrea protagonizou, ao lado do marido, nossa campanha de Dia dos Namorados. Foi uma alegria indescritível ter esse casal na nossa campanha. Sempre que eu passava em frente a uma vitrine da Reserva ou da Reversa, sentia um orgulho imenso ao ver Andrea e Jaques estampando nossas lojas. Era um sentimento de felicidade e de gratidão ver que estávamos contando uma história real e cheia de afeto.

E o mais incrível foi perceber o impacto que essa campanha teve não só para mim, mas para quem conhecia a Andrea. Amigas de infância tiravam fotos das vitrines, orgulhosas da Andrea e do Jaques. Era lindo ver o quanto essa representação de amor, carinho e afeto tocou tantas pessoas. Eu suspirava e me emocionava vezes em silêncio; vezes não.

Refletiu nossos valores mais profundos: afeto, família, amizade.

A Andrea exala uma energia positiva e uma determinação contagiante. Sua história de superação e resiliência é inspiradora. Ela não apenas enfrentou desafios pessoais com coragem, mas transformou sua experiência em uma missão de vida: promover a inclusão e a acessibilidade.

Seu maior legado, na minha opinião, é sua capacidade de potencializar, empoderar outras mulheres desde sempre. Essa essência faz parte da marca pessoal da Andrea. Ela é uma voz poderosa que inspira não apenas mulheres, mas todas as pessoas ao seu redor.

Essa campanha também foi sobre isto: criar referências. Quando temos referências como a Andrea, sabemos que existem alternativas, possibilidades, oportunidades e horizontes. Como ela sabiamente diz: parou de andar, mas aprendeu a voar.

Ela é uma voz poderosa que ecoa a importância de criar um mundo mais inclusivo e acessível para todos. A Andrea, com sua determinação e resiliência, tem um legado que vai muito além das suas conquistas profissionais: ela nos lembra todos os dias que o amor, a força e a coragem são as verdadeiras essências de uma vida bem vivida. Ter tido a oportunidade de conhecê-la e trabalhar com ela foi uma honra e uma inspiração que levarei comigo para sempre.

Eu já imaginava, desde sempre, que a prima da Ana era incrível. Agora tenho certeza.

POR FLÁVIA LISBOA PORTO

Diretora de RH da Reckitt, Membro do Conselho Consultivo da United Way Brasil

Meu nome é Flávia Porto, sou uma mulher negra e de origem periférica que conheceu os desafios de ascender no mundo corporativo e, consecutivamente, ocupar espaços relevantes na sociedade. Reconheço que sou produto dos esforços, mas especialmente das oportunidades que recebi ao longo da vida até ocupar uma cadeira executiva na área de Recursos Humanos, responsável por atrair, desenvolver e reter talentos em organizações.

Neste ponto, apesar de eu não conhecer a realidade de uma pessoa com deficiência, me afinizo com a agenda por reconhecer que as oportunidades são desiguais em nosso país. Conheci a Andrea, como uma importante voz no mundo corporativo sobre a inclusão laboral de pessoas com deficiência nas empresas, e quanto mais eu a observava e me relacionava com ela, mais eu percebia a potência por trás da convivência com seus talentos.

Para além de seus talentos, me encantou seu posicionamento firme e articulador, como uma construtora de pontes com a mesma sociedade que em inúmeras oportunidades não apenas invisibiliza as pessoas com deficiência, mas fecha porta para elas.

Ainda assim, Andrea é uma pessoa que reforça sua existência em inúmeros papéis, como o de um corpo que também gesta, materna, ama, admira moda e arte, consome e opina. Muito além de uma usuária de cadeira de rodas — uma usuária de todas as suas infinitas potências.

Como liderança em uma área que "tem a caneta" para transformar o mercado de trabalho, reconheço que todas as pessoas ganham em conviver com as diferenças. Meu convite é olhar para elas além de suas características físicas, como arte que se aprecia, não se compara, respeitando a beleza que existe em ser único.

POR RAFAEL SALES
Presidente e CEO na ALLOS

Conheci a Andrea Schwarz por causa da minha mulher, Mariana. Não foi uma apresentação presencial. Meu primeiro contato com ela foi pela tela de um celular. Tinha 39 anos e estava internado em um hospital. Esse primeiro contato aconteceu em um dos momentos mais difíceis da minha vida. Havia me tornado CEO da Aliansce – uma das principais empresas de shopping centers do Brasil – poucos meses antes de sofrer um acidente esportivo que me deixou tetraplégico. Acordei com uma paralisia permanente, resultado do comprometimento agudo da medula, o que me tirou grande parte da independência física e me trouxe diversas limitações.

Naquele momento, vivia ainda intensamente a perplexidade e o susto dessa nova realidade. Foi quando Mariana me apresentou o perfil em redes sociais dessa mulher disruptiva, potente e inspiradora. Eu ainda estava em negação. Não conseguia acreditar no que os médicos me diziam, nem sequer imaginava os desafios que me aguardavam. Mariana, no entanto, teve a sensibilidade de perceber que os conteúdos da Andrea poderiam me impactar ao longo do penoso processo de aceitação. Naquele primeiro contato, passei a ser apenas mais um de seus milhares seguidores nas redes.

Só quem vive com as limitações que uma tetraplegia ou paraplegia nos impõe sabe o quão difícil é viver essa vida após uma mudança de planos tão brusca e radical. É aí que a Andrea entra.

Ela mostra – e vem me mostrando desde aquele dia em fomos "apresentados" – que existem outras formas de se levar a vida, trabalhar e continuar a ser produtivo, contribuindo para a sociedade. Ela se dedica a uma transformação social e inclusiva. É uma mulher inteligente, ativa, feminina em sua plenitude, numa cadeira de rodas. Ela se casou com festa, construiu uma família, teve dois filhos e consegue dar conta de tudo o que demanda sua atenção. Sua família está em primeiro lugar, algo que também me inspirou. A história da Andrea me inspirou a manter minha família junta e unida, a dedicar mais do meu tempo a ela.

Andrea surpreende a sociedade. Ela passeia no shopping, viaja para onde quer, usa seu salto alto. Andrea não dança conforme a música, a música dança conforme Andrea. Esse é o seu segredo. Ela não deixou que sua condição a pautasse; tomou as rédeas de sua vida. E construiu, assim, algo importante demais para a sociedade, que impacta a vida de milhares de pessoas a partir de sua própria história.

A verdade é que Andrea passou a ser um grande exemplo para mim e tantos outros porque vive da forma que deseja e luta, por uma sociedade mais inclusiva e respeitosa. Porque nós sabemos que muitas das pessoas com deficiência sequer conseguem sair de casa. As ruas não estão preparadas, as cidades não crescem pensando naqueles que têm alguma limitação. E não são apenas esses os obstáculos. Há um enorme preconceito e muito despreparo da sociedade como um todo.

Nos nossos processos de desenvolvimento e capacitação, em 2019, meu time que cuida de gestão de Pessoas buscava alguém para falar sobre Diversidade e Inclusão para os nossos colaboradores. Foi quando nos conhecemos e nos falamos pela primeira vez. Andrea contou mais sobre sua vida, falou da rotina, da relação com o marido, Jaques, de quem também sou fã. E tudo o que ouvi só me fez admirá-la ainda mais. Ela me fez ter esperanças porque não desistiu de viver uma vida plena. Ela não lamentava sua condição. Pelo contrário, enxergava nela oportunidades.

No meio dessa trajetória, Aliansce se tornou Aliansce Sonae, que hoje se chama ALLOS, e é a maior empresa do seu setor no Brasil. Garanto a vocês que o exemplo da Andrea é parte dessa minha vontade de continuar realizando o meu trabalho em todo seu potencial, lidando com as limitações — mas não as deixando me impedir.

Até conhecê-la, eu mesmo não havia falado publicamente sobre o acidente. Apesar de saber que sou muito privilegiado, ficava incomodado com a nova condição. Por dois anos, não fui ao cinema, não tinha vontade de assistir a um show fora de casa, estava profundamente entristecido, pensando que jamais conseguiria realizar uma viagem de férias com meus filhos. Andrea me encorajou a ir aonde quisesse. Ela despertou em mim um propósito maior para lidar com essa mudança permanente em minha vida.

Seis anos após o acidente, posso dizer que ela me ajudou a enxergar minha "limitação" de movimento de outra forma. Aprendi que era possível viver. Viver mais. Fazer mais para que outras pessoas também tenham oportunidades. Andrea contribuiu para que eu quisesse ser uma pessoa melhor para minha família e para o mundo.

Andréa ecoa para a sociedade um olhar positivo para a vida. Um dia, Frank Williams, lenda da Fórmula 1 que também é tetraplégico e foi o criador da escuderia Williams, multicampeã do automobilismo mundial, comentou: "It is simply a different kind of life" [É simplesmente um tipo diferente de vida].

Da última vez em que Andrea participou de um evento junto com a gente, na ALLOS, ela falou que se inspirava em

Andrea Schwarz

mim para fazer coisas ainda maiores profissionalmente. Eu acredito que na vida a gente tem mentores — escolhidos ou não — que nos fazem ir além do que a gente achava que poderia ir. E se eu servi de inspiração para ela "ir além" no seu trabalho, ela é para mim uma mentora da vida. Andrea prova que esta vida diferente pode ser tão rica e bonita quanto a anterior. Eu nunca terei palavras suficientes para agradecer por isso e espero que as páginas deste livro possam tocar seus leitores profundamente também.

POR ROBERTO SALLOUTI

CEO do BTG Pactual,
Cofundador & Chairman da Inteli

Conheci Andrea em meados de 2021, e sua história inspiradora me marcou. Seja pela capacidade de superação, seja pela positividade com a qual ela encara a vida. Ao ler *Eu parei de andar e aprendi a voar*, somos convidados a refletir sobre a importância da inclusão e da aceitação das diferenças. Este livro é um manifesto poderoso, que nos ensina a transformar adversidades em oportunidades.

Andrea nos apresenta uma visão única, na qual cada desafio se transforma em uma possibilidade de crescimento. Sua jornada é um exemplo vívido de que, com determinação e coragem, podemos voar alto, independentemente das circunstâncias que nos cercam. É uma mensagem que ressoa fortemente e nos faz refletir sobre nossa postura ao enfrentar dificuldades.

Sua experiência não é apenas pessoal; é um chamado à ação para todos nós. Ao longo das páginas, Andrea nos convida a abraçar nosso protagonismo, a ressignificar dificuldades, e a cultivar uma mentalidade que nos permita agir de forma proativa diante dos desafios.

A verdadeira essência do voo, como Andrea nos ensina, está em reconhecer o poder transformador da resiliência e da coragem. As lições que Andrea compartilha vão muito além do individual; elas têm o potencial de inspirar mudanças significativas em nossa sociedade. Este livro é uma ferramenta valiosa para todos que desejam não apenas enfrentar seus desafios, mas também voar alto e impactar o mundo ao seu redor.

Convido você, leitor, a embarcar nesta jornada transformadora. Deixe-se inspirar pela força e pela determinação de Andrea.

Esta obra foi impressa
pela Gráfica Meta Brasil
sobre papel offset 75 g
em novembro de 2024.